München

◀ ミュンヒェンの中心 Marienplatz（マリーエン広場）。右手は Neues Rathaus（新市庁舎），Glockenspiel（仕掛け時計）が有名。左奥は Frauenkirche（聖母教会）

▼ 上空から見たミュンヒェン

▼ ミュンヒェン名物の Weißwurst（白ソーセージ）。皮をむいて甘い Senf（マスタード）をつけて食べます。つけ合わせの Brezel（ブレーツェル）とよく合います

▲ ミュンヒェンといえばビール。夏は太陽の下でのビアガーデンが盛況です。
（Michael Nagy/Presse- und Informationsamt München）

市民の憩いの場 Englischer Garten（イギリス庭園）

▲ Englischer Garten に流れている川ではサーフィンも楽しめます。どうやってやるかを確かめにミュンヒェンに行ってみては？（GNTB/Bonomini, Alberto）

◀ ドイツの Polizeiwagen（パトカー）は緑と白です

▶ Bahnhof（駅）には改札がありません。その代わり車内検札があります

自転車も一緒に Bus（バス）や Zug（列車）で移動ができます

◀ 停留所にある券売機で切符を購入します。ホームもしくは車内にある Entwerter（刻印機）に切符を通します

◀ Entwerter（刻印機）

▲ ドイツの街では Straßenbahn（路面電車）をよく見かけます

▶ Blumengeschäft（花屋）には季節の花がいっぱい

◀ ドイツの郵便ポストは黄色。描かれているマークは，かつて郵便馬車の到着を告げた楽器 Posthorn（ポストホルン）です

▼ 本日のおすすめ料理は黒板に書かれてお店の前に置いてあります

暖かい日は外で食事をとったり，お茶を飲んだりするのが好きです

▲ 伝統的な夕食は kaltes Essen（火を使わない食事）です

▼ 八百屋さんには新鮮な Gemüse（野菜）や Obst（くだもの）が並んでいます

▲ Bäckerei（パン屋）にはおいしそうなパンがたくさん。毎日焼き立てのパンを買います

▼ ドイツといえば Wurst（ソーセージ）。付け合わせの Sauerkraut（酢漬けのキャベツ）がよく合います

▲ Mensa（学食）の日替わりメニュー　　▲ Mensa の Menü（定食）

▶ 環境先進国ドイツ。ゴミの分別もしっかり行なわれています。街中のいたるところに空きびん（緑色・茶色・透明）や鉄くず，古着を収集するコンテナがあります

◀ ミュンヒェン最大のお祭りといえば，ビール祭りで知られる Oktoberfest（オクトーバーフェスト）。世界中からビール好きが集まります

▼ ミュンヒェンは芸術の都でもあります。Alte Pinakothek（アルテ・ピナコテーク），Neue Pinakothek（ノイエ・ピナコテーク），Pinakothek der Moderne（モダン・ピナコテーク），Lenbachhaus（レーンバッハハウス＜市立ギャラリー＞）などが特に有名です。写真は 14～18 世紀のヨーロッパ絵画の名作を数多く集めた Alte Pinakothek

バイエルン王家ヴィッテルスバッハ家の夏の離宮 Schloss Nymphenburg（ニンフェンブルク城）

オペラの殿堂 Nationaltheater（Bayerische Staatsoper　バイエルン州立歌劇場）

▲ Neue Pinakothek には 18 世紀半ばから 20 世紀の作品が展示。印象派やドイツ近代絵画の作品が充実しています

写真提供　ミュンヒェン観光局　ほか

Abfahrt neu

Michiko Iida Naoaki Eguchi

SANSHUSHA

音声ダウンロード&ストリーミングサービス(無料)のご案内

https://www.sanshusha.co.jp/text/onsei/isbn/9784384122817
本書の音声が、上記アドレスよりダウンロードおよびストリーミング再生できます。ぜひご利用ください。

主要登場人物

Nana　　　Daniel　　　Paula　　　Fritz

はじめに

　これからドイツ語の勉強を始めようとしているみなさん，このテキストは，初級文法を学びながら自然なドイツ語を身につけ，話す・書く・聞く・読むという4技能を伸ばすことができるように作られています。

　本書のタイトルは「アプファールト〈ノイ〉」です。「アプファールト」(Abfahrt) は「出発」を意味します。このテキストを通じてみなさんがドイツ語の豊かな世界へ向けて「出発」することができるように，という願いがこめられています。「ノイ」(neu) は「新しい」という意味の言葉です。本書は2007年に初版が刊行された「アプファールト」の改訂版です。旧版の編集方針を生かしつつ，ドイツ語をめぐる最新の状況に合わせて，さらなるバージョンアップを図りました。旧版で学んだみなさんからいただいたさまざまな意見も生かされています。

　このテキストは，日本からミュンヒェンに留学した女子学生ナナを主人公に，彼女と周囲の人々とのかかわりを通して，ドイツでの日常生活がかいま見えるようになっています。ひとつの Lektion（課）は，おおむね6ページで構成されています。各 Lektion の中心になるのは Skizze（スケッチ）の会話文です。初出の単語や表現は Skizze の下に小さめの文字で説明されていますので，まずは細かい意味にとらわれることなく，音声を聴きながらドイツ語のイントネーションや響きに慣れるようにしていくとよいでしょう。重要な文法事項は，クリップのついた付箋の中にポイントが説明されています。「メモ」として補足的な情報が挙げられていることもあります。

　Skizze には Übung（練習問題）が続きます。文法事項を確認する問題，Skizze の表現を用いたパートナーとの会話練習など，さまざまなタイプの問題が収められています。パートナーとの会話練習では，ドイツ語の文を作って元気よく声に出してみましょう。音声も参考にしてください。

　ほとんどの Lektion には，Hören として音声を聴いて答えるリスニング問題が設けられています。話されている内容がすべて聴き取れる必要はありません。重要な情報を効率的に聴き取れるよう，チャレンジしてみてください。そのほか，LESEN（リーディング）や Spiel（ゲーム）がついている Lektion もあります。LESEN には内容に関する質問がついています。その答えを探すつもりで，辞書の助けも借りながらテキストを読んでみるとよいでしょう。Spiel はゲーム感覚を取り入れた練習問題です。肩の力を抜いてトライしてみましょう。

　Lektion の最後には「文法のまとめ」があります。文法事項の要点をおさらいしましょう。また，折り込みには重要な語形変化の一覧表がまとめられています。

　巻末の「単語を覚えよう」には，名詞を中心にした基本的な単語がカテゴリー別にイラストとともに掲載されています。単語力アップに利用してください。発音，数字・時刻などの基本的な重要表現も巻末にまとめられていますので，わからなくなったらいつでも復習してください。さらに，本文で扱うことのできなかった文法事項も，「補足文法」として巻末に挙げられています。参考書がわりに活用してください。

　音声には，Skizze や Übung 以外にもなるべく多くの表現をネイティブスピーカーの発音で聞いていただけるように収録しましたので，授業以外でもご自分の学習にぜひ活用してください。

　みなさんが将来ドイツ語圏の国へ行くことになったら，このテキストで学んだ表現はすぐに役立つことでしょう。本書がみなさんの学習の手助けとなることを願ってやみません。

著　者

Inhaltsverzeichnis

Lektion 1 **Freut mich!** ……………………………………… 4
　　テーマ：あいさつ／人と知り合う／紹介（名前・出身地・居住地・職業・趣味）
　　文　法：人称代名詞／動詞の現在人称変化（1）／疑問詞

Lektion 2 **Hast du morgen Abend Zeit?** …………………… 10
　　テーマ：時刻／時を表す表現／人を誘う／電話番号を尋ねる／食べ物と飲み物／ドイツ紹介
　　文　法：動詞の現在人称変化（2）／ドイツ語の語順

Lektion 3 **Was ist das? Was hast du?** ……………………… 16
　　テーマ：所持品／家族・親戚
　　文　法：名詞の性と定冠詞・不定冠詞・人称代名詞／冠詞と名詞の格変化（1・4格）／不定
　　　　　　冠詞と同様の変化をする冠詞類

Lektion 4 **Ich möchte eine Halskette.** ……………………… 24
　　テーマ：買い物／値段／プレゼント／メール
　　文　法：3格／人称代名詞の格変化／前置詞（1）／否定の語を含む疑問文とその答え方

Lektion 5 **Hast du am Wochenende etwas vor?** …………… 30
　　テーマ：週末の予定／一日の行動／天候
　　文　法：分離動詞／話法の助動詞／非人称の es

Lektion 6 **Was hast du in den Sommerferien gemacht?** …… 36
　　テーマ：過去のできごと（1）
　　文　法：動詞の三基本形／現在完了／過去分詞の特例

Lektion 7 **Wo warst du denn gestern Abend?** ……………… 42
　　テーマ：過去のできごと（2）／位置の表現／～がある／遅刻
　　文　法：前置詞（2）／過去時制

Lektion 8　Ich freue mich sehr, wenn du nach Japan kommst.
……………………………………………………………………… 48

　　テーマ：病気／ふたつの文をひとつにする／計画
　　文　法：再帰代名詞と再帰動詞／zu 不定詞句／従属の接続詞と副文

Lektion 9　Mein Fahrrad ist kaputt. ……………………………… 54

　　テーマ：修理／家事／開店時間・閉店時間／レシピ
　　文　法：受動文／形容詞の用法／比較の表現

Lektion 10　Wenn ich Zeit hätte … ……………………………… 60

　　テーマ：別れ／非現実の仮定
　　文　法：接続法 2 式
　　発展問題

■単語を覚えよう ……………………………………………………………… 64

　　Kleider, Schmuck　衣類・装身具／Körperteile　体の部分／Essen und Getränke　食べ物と飲み物／Gewürz　調味料／Geschirr　食器／Im Zimmer　部屋の中にあるもの／Wohnung　住まい／Stadt　町／Berufe　職業／Tiere　動物／Farben　色／その他の形容詞　Zahlen　数詞／Uhrzeiten　時刻の表現／Preis　値段の表現／Jahreszeiten　季節／Wochentage　曜日／Monate　月／Ordinalzahlen　序数／Jahreszahl　西暦／Datum　日付

□アルファベット，発音 ……………………………………… 72
□補足文法　　Ⅰ．命令形 ……………………………………… 74
　　　　　　　　Ⅱ．名詞の複数形
　　　　　　　　Ⅲ．比較級・最上級
　　　　　　　　Ⅳ．形容詞の名詞化
　　　　　　　　Ⅴ．2 格の用法
　　　　　　　　Ⅵ．前置詞と代名詞・疑問詞の融合形
　　　　　　　　Ⅶ．関係文

□主要不規則動詞変化一覧 ……………………………………… 78

Lektion 1　Freut mich!

 あいさつ（1）

Guten Morgen!
おはようございます

Guten Tag! / Hallo!
こんにちは

Guten Abend!
こんばんは

Gute Nacht!
おやすみなさい

Auf Wiedersehen! / Tschüs!
さようなら / バイバイ

Freut mich!
はじめまして

○ Guten Tag!

○ Wie heißen Sie?　　● Ich heiße Nana Yamamoto.
　お名前は何ですか？　　　山本ナナといいます。

○ Woher kommen Sie?　● Ich komme aus Japan.
　どちらのご出身ですか？　日本から来ました。

○ Wo wohnen Sie?　　● Ich wohne in München.
　どちらにお住まいですか？　ミュンヒェンに住んでいます。

 メモ　「あなたは」は，目上の人や初対面の人の場合には Sie を，親子・友人・恋人などの親しい間柄の人や小さい子供の場合には du を用います。

Skizze 1

ミュンヒェンに留学中のナナは，街角で友人のパウラにばったり出会います。
Nana studiert in München. Sie begegnet auf der Straße ihrer Freundin Paula.

Nana : Hallo, Paula!
Paula : Tag, Nana! Wie geht's?
Nana : Danke, gut. Und dir?
Paula : Danke, auch gut.

パウラはナナにパートナーのフリッツを紹介します。
Paula stellt Nana ihren Partner Fritz vor.

Paula : Nana, das ist* Fritz, mein Freund.*
　　　　Fritz, das ist Nana.
Fritz : Freut mich!
Nana : Freut mich auch!
Paula : Wir wohnen zusammen.*
Fritz : Woher kommst* du, Nana?
Nana : Ich komme aus* Japan, aus Tokyo.
Fritz : Wohnst du jetzt* in München?
Nana : Ja.

wohnen 住む

ich	wohne	wir	wohnen
(私は)		(私たちは)	
du	wohnst	ihr	wohnt
(あなたは)		(あなたたちは)	
er/sie/es	wohnt	sie	wohnen
(彼は／彼女は／それは)		(彼らは／彼女らは／それらは)	
	Sie	wohnen	
	(あなたは／あなたがたは)		

ドイツ語の動詞は，ふつうは -en で終わる形が原形（＝不定詞）です。主語に応じて，この -en の部分が変化していきます（＝現在人称変化）。

---

das ist ...　これは～です　　mein Freund　私のカレシ　　zusammen　一緒に　　kommen　来る
aus　～から　　jetzt　今

Übung 1 （　　　）内の動詞を現在人称変化させよう。

① ○ ＿＿＿＿＿＿ du aus Japan?
　● Ja, ich ＿＿＿＿＿＿ aus Osaka.　（ kommen ）

② ○ Wo ＿＿＿＿＿＿ Fritz?
　● Er ＿＿＿＿＿＿ in München.　（ wohnen ）

③ ○ Woher ＿＿＿＿＿＿ Paula?
　● Sie ＿＿＿＿＿＿ aus Dresden.　（ kommen ）

④ ○ ＿＿＿＿＿＿ Paula und Nana in Berlin?
　● Nein, sie ＿＿＿＿＿＿ in München.　（ wohnen ）

⑤ ○ Woher ＿＿＿＿＿＿ Sie?
　● Wir ＿＿＿＿＿＿ aus Köln.　（ kommen ）

⑥ ○ ＿＿＿＿＿＿ ihr auch in Wien?
　● Nein, wir ＿＿＿＿＿＿ in Zürich.　（ wohnen ）

Skizze 2

3人の会話は続いています。Ihr Gespräch setzt sich fort.

Fritz : Was machst* du?
Nana : Ich bin Studentin.* Ich studiere* Musik.*
Und du? Bist du Student*?
Paula : Nein, er arbeitet* schon.*
Fritz : Ich bin Journalist.*

sein			
ich	**bin**	wir	**sind**
du	**bist**	ihr	**seid**
er/sie/es	**ist**	sie	**sind**
	Sie	**sind**	

英語の be にあたる動詞 sein は，特殊な変化をします。

| machen する | Studentin 大学生（女性） | studieren 専攻する | Musik 音楽 |
| Student 大学生（男性） | arbeiten 働く | schon すでに | Journalist ジャーナリスト（男性） |

 Übung 2 好きな職業を選んで尋ねよう。

○ Was machst du?　　● Ich bin Ärztin.
　何をしているの？　　　医者なの。

○ Was bist du von Beruf?
　仕事は何？

　Bist du Student?　　● Nein, ich bin Koch.
　学生？　　　　　　　　いや，コックなんだ。

| Student Studentin | Lehrer Lehrerin | Arzt Ärztin | Koch Köchin | Kellner Kellnerin | Journalist Journalistin | Beamter Beamtin |

 **Übung 3** 互いに尋ねよう。

○ Was studierst du?　　● Ich studiere Musik.
　何を専攻しているの？　　音楽よ。

> Jura 法学　　Psychologie 心理学　　Informatik 情報学　　Soziologie 社会学
> Physik 物理学　　Biologie 生物学　　Chemie 化学　　Philosophie 哲学
> Pädagogik 教育学　　Anglistik 英語英米文学　　Germanistik ドイツ語ドイツ文学
> Medizin 医学　　Wirtschaftswissenschaften 経済学

○ Lernst du Deutsch?　　● Ja, ich lerne Deutsch.
　ドイツ語を勉強してるの？　　はい，私はドイツ語を勉強しています。

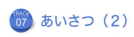 あいさつ（2）

Danke schön!
Vielen Dank!
どうもありがとう！

Entschuldigung!
すみません（呼びかけ）。
ごめんなさい。

Bitte schön!
どういたしまして！

Bitte!
さあどうぞ！

Wie geht es Ihnen, Herr / Frau Bauer?
調子はいかがですか，バウアーさん？

Danke, gut. Und Ihnen?
ありがとうございます。良好です。
あなたは？

Danke, auch gut. ありがとうございます，私も良好です。
     es geht.   まあまあです。

Übung 4　自己紹介を聴いて，下線部を埋めよう。

① Hallo, ich ＿＿＿＿ Michael. Ich ＿＿＿＿ aus ＿＿＿＿ und ＿＿＿＿ jetzt in ＿＿＿＿. Ich ＿＿＿＿ Arzt.

② Hallo, ich ＿＿＿＿ Leo. Wie geht's?
　Ich ＿＿＿＿ aus ＿＿＿＿ und ＿＿＿＿ auch in ＿＿＿＿.
　Ich ＿＿＿＿ 8 Jahre alt und ich ＿＿＿＿ Schüler.*

③ Guten Tag! Mein Name ＿＿＿＿ Monika Bauer. Ich ＿＿＿＿ aus Hamburg.
　Jetzt ＿＿＿＿ ich in Frankfurt. Ich ＿＿＿＿ Hausfrau.*

＊ Schüler （高校までの）生徒（男性）　　Hausfrau　主婦

Übung 5　上記の3人を紹介しよう。

 Michael　　 Leo　　 Monika Bauer

Das ist ＿＿＿＿. Er / Sie ＿＿＿＿ aus ＿＿＿＿ und er / sie ＿＿＿＿ jetzt in ＿＿＿＿. Er / Sie ＿＿＿＿ ＿＿＿＿.

 Lesen　　Paula kommt aus Dresden. Sie wohnt jetzt in München.
Sie ist Studentin. Sie studiert Jura.

Skizze 3

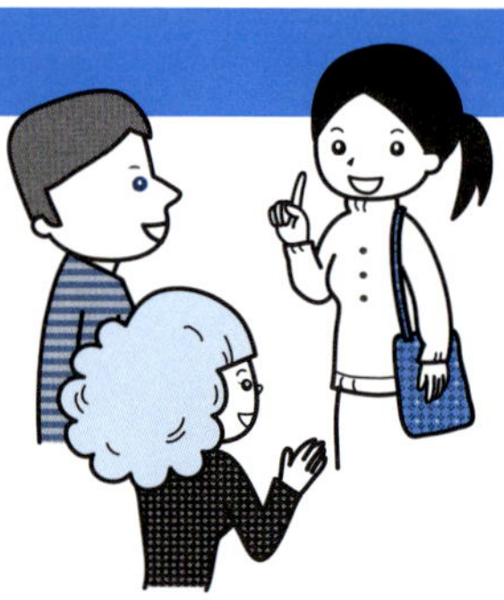

3人の会話は続いています。Ihr Gespräch setzt sich fort.

Fritz : Nana, hörst* du gern* Musik?
Nana : Ja. Ich höre gern Mozart.
　　　　Was machst du gern?
Fritz : Ich höre auch* gern Musik und ich koche* sehr gern.
Paula : Er kocht sehr* gut.*

hören　聞く	gern　好んで	auch　〜も	kochen　料理をする	sehr　非常に
gut　上手に				

Übung 6　互いに好きなことを尋ねよう。

○ Kochst du gern?
　料理するの好き？

● Ja,　ich koche sehr gern.　　うん，大好き。
● Nein, ich koche nicht so gern.　いや，あまり好きじゃない。
● Nein, ich koche nie.　　　　　いや，料理は絶対しない。

○ Was machst du gern?
　何をするのが好き？

● Ich koche gern.
　料理するのが好き。

Musik hören 　　Fußball / Tennis spielen 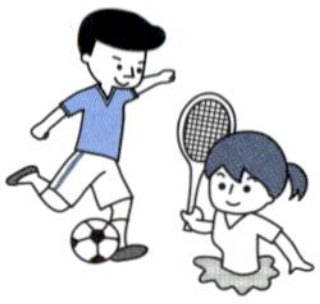 　　Klavier / Gitarre spielen 　　Deutsch lernen

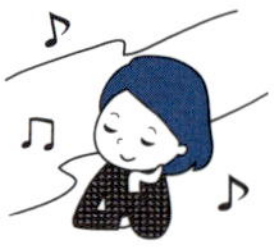

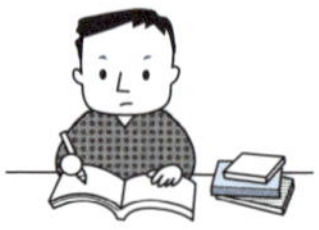

schwimmen 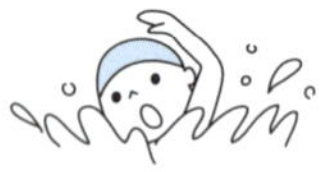 　　joggen 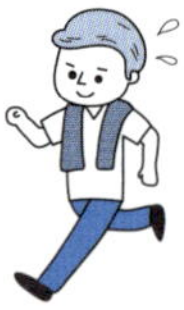 　　tanzen 　　kochen 　　malen

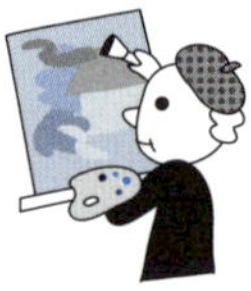

Computerspiele machen 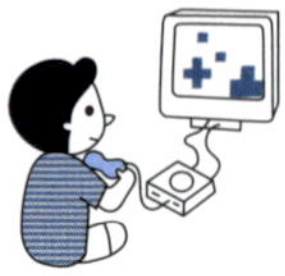 　　im Internet surfen 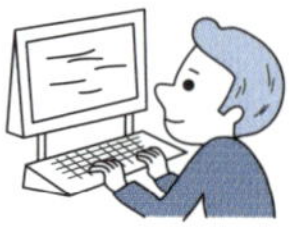　　Karaoke singen

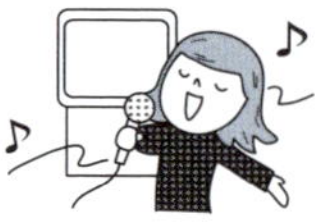

Schreiben 例にならって自分のことを書こう。

> Ich heiße Taro. Ich komme aus Tokyo. Ich bin Student. Ich studiere Chemie und lerne Deutsch. Ich wohne jetzt in Yokohama. Ich spiele gern Klavier und höre gern Musik. Ich lese* auch gern.

* lesen 読む

 Hören パウラとフリッツのマンションを訪ねたナナは，そこでダニエルと知り合います。ふたりの会話を聴いて，質問に答えよう。

① Woher kommt Daniel?
② Was ist Daniel von Beruf?
③ Wo arbeitet Daniel?
④ Spielt Nana gern Tennis?

文法のまとめ

人称代名詞

人称代名詞は，英語の I, you などにあたるものです。

単数
- ich （1人称：私は）
- du （2人称親称：あなたは）
- er/sie/es （3人称：彼は／彼女は／それは）
- Sie （2人称敬称：あなたは）

複数
- wir （1人称：私たちは）
- ihr （2人称親称：あなたたちは）
- sie （3人称：彼らは／彼女らは／それらは）
- Sie （2人称敬称：あなたがたは）

動詞の現在人称変化（1）

動詞の原形のことを不定詞といいます。不定詞はふつう -en という語尾で終わっています。この語尾が主語の人称・数に応じて変化していくことを，現在人称変化といいます。
英語の be にあたる sein は，特殊な変化をします。

→ Tabelle IA

疑問詞

was	何	Was machst du gern?	何をするのが好き？
wer	誰	Wer ist das?	これは誰？
wie	いかに，どのように	Wie heißt du?	名前は何ていうの？
wo	どこに，どこで	Wo wohnst du?	どこに住んでるの？
woher	どこから	Woher kommst du?	どこから来たの？（どこの出身なの？）
wohin	どこへ	Wohin gehst du?	どこへ行くの？
warum	なぜ	Warum lernst du Deutsch?	なぜドイツ語を学んでいるの？

neun

Lektion 2 Hast du morgen Abend Zeit?

Skizze 1

ナナとダニエルの会話は続いています。Das Gespräch von Nana und Daniel setzt sich fort.

Daniel : Hast du morgen Abend Zeit*?
Nana : Ja, morgen Abend habe ich Zeit. Warum?
Daniel : Gehen wir zusammen* ins Kino*? Um 18 Uhr?
Nana : Ja, gern!
Daniel : Das ist meine* Handynummer.*
Nana : Also, 090 9876 5432.
Daniel : Wie ist deine* Handynummer?
Nana : Hier bitte!
Daniel : Danke!

haben

ich	habe	wir	haben
du	**hast**	ihr	habt
er/sie/es	**hat**	sie	haben
	Sie	haben	

英語の *have* にあたる動詞 haben は，特殊な変化をします。

Zeit 時間　　ins Kino gehen 映画に行く　　zusammen 一緒に　　Handynummer ケータイの番号
mein[e] / dein[e] 私の／あなたの（所有冠詞　19 頁参照）

Übung 1 下線部を入れかえて，ドイツ語で表現しよう。

morgen Abend / ins Kino gehen / um 18 Uhr　映画に行く
→ Hast du <u>morgen Abend</u> Zeit?　Gehen wir zusammen <u>ins Kino</u>?　<u>Um 18 Uhr</u>?
　　明日の夜は時間ある？　　　　　一緒に映画に行かない？　　　　　18時でどう？

① heute Abend / ins Konzert gehen / um 20 Uhr　　コンサートに行く
② morgen Mittag / essen gehen / gegen 12 Uhr　　食事に行く
③ morgen Nachmittag / Kaffee trinken / um 15 Uhr　　コーヒーを飲む
④ heute Abend / Tennis spielen / gegen 18 Uhr　　テニスをする

　メモ　— Ja, gern!　うん，よろこんで。
　　　　　　　　　— Leider habe ich morgen keine Zeit.
　　　　　　　　　残念だけど明日は時間がありません。

時を表す表現

| heute | 今日 |
| morgen | 明日 |

Morgen	朝	Abend	夕方
Vormittag	午前	Nacht	夜
Nachmittag	午後		

heute Abend　今晩
morgen Nachmittag　明日の午後

jetzt　今

Übung 2 ドイツ語で電話番号を交換しよう。

Wie ist deine Handynummer? 090 9876 5432

Hören 翌日の午前中，PaulaとNanaが電話で話しています。以下の文が会話の内容にあっていれば○を，あっていなければ×をつけよう。

① Paula geht heute Abend ins Kino. [   ]
② Nana geht heute Abend ins Kino. [   ]
③ Paula und Nana gehen heute Abend zusammen essen. [   ]
④ Paula und Nana gehen morgen Abend zusammen essen. [   ]

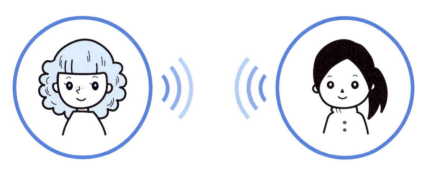

Übung 3 haben を現在人称変化させよう。

① ○ _____ ihr morgen Zeit?
　● Ja, morgen _____ wir Zeit.
② ○ _____ du Geld*?
　● Nein, leider _____ ich kein Geld.
③ Leo _____ immer* Hunger*
④ _____ Sie jetzt Zeit?
⑤ ○ _____ Nana und Paula jetzt Zeit?
　● Ja, jetzt _____ sie Zeit.

* Geld　お金　　immer　いつも　　Hunger　空腹

elf 11

 Skizze 2

映画のあと，ふたりはお茶を飲みながら会話しています。
Nach dem Film unterhalten sich Nana und Daniel in einem Café.

Nana	: Morgen gehe ich mit* Paula essen.*
Daniel	: Was isst du denn* gern?
Nana	: Ich esse gern Fisch.*
Daniel	: Ja, natürlich.* Du bist Japanerin.*
Nana	: Und du? Was isst du gern?
Daniel	: Ich esse gern Fleisch.*
Nana	: Natürlich! Du bist Deutscher.*

語幹の母音が変わる動詞

	schlafen	essen	sehen
	眠る	食べる	見る
	a → ä	e → i	e → ie
ich	schlafe	esse	sehe
du	schläfst	isst	siehst
er/sie/es	schläft	isst	sieht

主語が2人称・3人称単数のとき，語幹の母音が変わる動詞があります。

---

mit 〜と一緒に　　essen 食べる　　denn いったい　　Fisch 魚　　natürlich もちろん
Japaner / Japanerin 日本人（男性／女性）　　Fleisch 肉　　Deutscher / Deutsche ドイツ人（男性／女性）

Übung 4 互いに好きな食べ物・飲み物を尋ねよう。

○ Was isst du gern?　　● Ich esse gern Gemüse.
　食べ物は何が好き？　　　野菜が好き。

○ Was trinkst du gern?　　● Ich trinke gern Tee.
　飲み物は何が好き？　　　紅茶が好き。

Brot　Curry　Eis　Fisch　Fleisch　Gemüse　Käse
Kuchen　Nudeln　Obst　Reis　Salat　Schokolade　Wurst
Bier　Milch　Kaffee　Saft　Tee　Wasser　Wein

Übung 5　ドイツ語で表現しよう。

Daniel / gern / Filme sehen　映画を見る

　　○ Daniel sieht gern Filme. Und du? Siehst du auch gern Filme?
　　　ダニエルは映画を見るのが好きなんだよ。君は？　君も映画を見るの，好きかい？
　　● Ja, ich sehe auch gern Filme.　うん，私も映画を見るのは好きだよ。
　　　Nein, ich sehe nicht so gern Filme.　いいえ，私は映画を見るのはあまり好きじゃないな。

① Daniel / gern / Fleisch essen　肉を食べる
② Nana / gut / Deutsch sprechen　ドイツ語を話す
③ Fritz / gut / Auto fahren　車を運転する
④ Paula / gern / Bücher lesen　本を読む
⑤ Nana / gern / lange schlafen　長く眠る
⑥ Paula / gern / Freunde treffen　友達に会う

Lesen　テキストを読んで下線部を埋めよう。

Leos Alltag

Ich bin Schüler. Die Schule beginnt um 8 Uhr. Aber ich schlafe oft zu lange, dann* frühstücke ich nicht. Mutti sagt, das ist nicht gesund. Ich lerne gern Deutsch und Mathe. Aber Religion mache ich nicht so gern. Deshalb lese ich oft im Unterricht* heimlich Comics. Am Nachmittag spiele ich Fußball. Ich bin Stürmer und spiele sehr gut. Werde ich Fußballprofi? Das weiß* ich noch nicht.

* dann　そのときには　　im Unterricht　授業中　　wissen　知っている → Tabelle IB

① Leo _____ oft zu lange.
② Er _____ gern Deutsch und Mathe.
③ Er _____ oft im Unterricht heimlich Comics.
④ Am Nachmittag _____ er Fußball.
⑤ Er _____ Stürmer.
⑥ _____ er Fußballprofi?
⑦ Das _____ er noch nicht.

Lesen

Deutschland

Deutschland liegt in der Mitte von Europa. Die Hauptstadt ist Berlin. Deutschland heißt offiziell Bundesrepublik Deutschland. Es ist etwa 357.000 Quadratkilometer groß. Dort wohnen etwa 81,8 Millionen Menschen. Die Landessprache ist Deutsch. Deutschland hat 9 Nachbarländer. Das Autokennzeichen von Deutschland ist D.

下線部にふさわしい動詞を下から選んで適切な形にして入れ，文を完成させよう。

Deutschland _____ in Mitteleuropa.
ドイツはヨーロッパの中央部に位置しています。

Die Hauptstadt _____ Berlin.
首都はベルリンです。

Deutschland _____ offiziell Bundesrepublik Deutschland.
ドイツは正式にはドイツ連邦共和国といいます。

Es _____ etwa 357.000 Quadratkilometer groß.
面積は約35万7000平方キロです。

Dort _____ etwa 81,8 Millionen Menschen.
そこには約8180万人が暮らしています。

Die Landessprache _____ Deutsch.
公用語はドイツ語です。

Deutschland _____ 9 Nachbarländer.
ドイツは9つの国と隣接しています。

Das Autokennzeichen von Deutschland _____ D.
ドイツの自動車国際識別記号はDです。

| sein | liegen | wohnen | heißen | haben |

Brandenburger Tor
（ブランデンブルク門）
（GNTB / Merten, Hans Peter）

下線部に国名を入れよう。

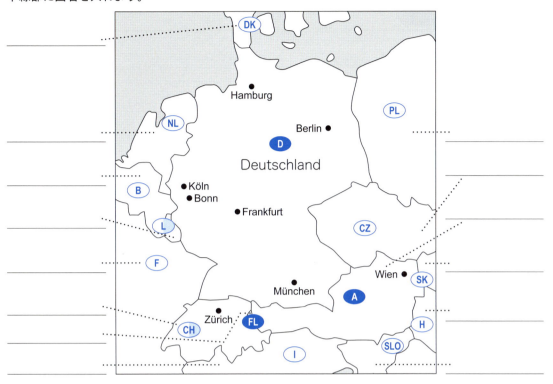

文法のまとめ

動詞の現在人称変化（2）

- 英語の have にあたる haben は不規則な変化をします。
- 主語が2人称親称・3人称単数のとき，語幹の母音が変わる動詞があります。

ドイツ語の語順

Ⅰ. **平叙文**（事柄をふつうに説明する文）では，主語以外の要素が文頭にきても，2番目の位置には必ず**定動詞**（主語にあわせて変化した動詞・助動詞）がきます（＝**定動詞第2位の原則**）。

Ich **habe** morgen Zeit.　　私は明日時間があります。
Morgen **habe** ich Zeit.　　明日は，私は時間があります。

Ⅱ. 疑問詞のない疑問文（ja / nein で答えられる疑問文）では定動詞を文頭に置きます。
疑問詞のある疑問文では，疑問詞を文頭に，定動詞を2番目に置きます。

Lernst du gern Deutsch?　　ドイツ語を勉強するのは好き？
Was **machst** du gern?　　何をするのが好き？

Lektion 3　Was ist das? Was hast du?

- ○ Was ist das?　これは何ですか？
- ● Das ist **ein** Tisch.　　**Der** Tisch ist neu.　　これはテーブルです。このテーブルは新しい。
　　　　　 eine Tasche.　　**Die** Tasche ist praktisch.　これはカバンです。このカバンは実用的です。
　　　　　 ein Buch.　　　**Das** Buch ist interessant.　これは本です。この本はおもしろい。

名詞の性

名詞は男性名詞，女性名詞，中性名詞のいずれかに分類され，それぞれ異なった冠詞を用います。

	男性名詞	女性名詞	中性名詞
定冠詞（英語の *the*）	**der** Tisch	**die** Tasche	**das** Buch
不定冠詞（英語の *a, an*）	**ein** Tisch	**eine** Tasche	**ein** Buch
人称代名詞（それは）	**er**	**sie**	**es**

名詞の頭文字はつねに大文字で書きます。

Übung 1　次の名詞の性と意味を調べ，性が同じボックスの中に単語を書き入れよう。

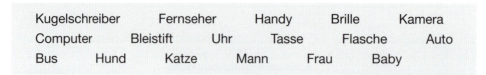

Kugelschreiber　　Fernseher　　Handy　　Brille　　Kamera
Computer　　Bleistift　　Uhr　　Tasse　　Flasche　　Auto
Bus　　Hund　　Katze　　Mann　　Frau　　Baby

der Tisch

die Tasche

das Buch

Übung 2　例にならって，下線部に適切な冠詞と人称代名詞を入れよう。

Das ist **ein** Computer.　**Der** Computer kommt aus Japan.　**Er** ist neu.

① Das ist ＿＿＿ Uhr.　　＿＿＿ Uhr kommt aus Frankreich.　＿＿＿ ist schön.
② Das ist ＿＿＿ Auto.　　＿＿＿ Auto kommt aus Deutschland.　＿＿＿ ist super!
③ Da kommt ＿＿＿ Frau.　＿＿＿ Frau ist Japanerin.　＿＿＿ heißt Nana.
④ Da ist ＿＿＿ Baby.　　＿＿＿ Baby schläft.　＿＿＿ ist süß.
⑤ Da ist ＿＿＿ Katze.　　＿＿＿ Katze kommt aus Iran.　＿＿＿ ist sehr hübsch.
⑥ Da ist ＿＿＿ Hund.　　＿＿＿ Hund kommt aus Deutschland.　＿＿＿ ist lustig.

Skizze

ナナはパウラに電話します。Nana ruft Paula an.

Nana : Paula, hier spricht Nana.
Paula : Ach, Nana! Wo bist du?
Nana : Ich bin jetzt ganz* in der Nähe.* Aber das Restaurant finde ich nicht.
Paula : Was siehst du denn?
Nana : Ich sehe hier einen Supermarkt und eine Bank, aber kein Restaurant.
Paula : Ah, dann bist du wirklich* ganz in der Nähe!
　　　　Geh* ein Stück* weiter, dann findest du das Restaurant.
Nana : O.K. Ich gehe ein Stück weiter.*
　　　　Oh ja, du hast recht*! Da ist das Restaurant.

ganz まったく，ごく	in der Nähe 近くに	wirklich 本当に
geh 行きなさい (du に対する命令形 → 巻末 74 頁)	s Stück 区画	weiter 先へ，さらに
recht haben 正しい		

名詞の1格と4格

1格は「〜は／〜が」「〜です」（＝主語・述語），4格はおもに「〜を」の意味で用いられます。

	男性名詞	女性名詞	中性名詞
1格	**der** Mann	**die** Frau	**das** Kind
	ein Mann	**eine** Frau	**ein** Kind
4格	**den** Mann	**die** Frau	**das** Kind
	einen Mann	**eine** Frau	**ein** Kind

Übung 3　下線部を入れかえて表現しよう。

　s Restaurant / r Supermarkt　レストラン／スーパー
　○ Ich finde <u>das Restaurant</u> nicht.　そのレストランが見つからないの（そのレストランを見つけない）。
　● Was siehst du denn?　何が見える？
　○ Ich sehe <u>einen Supermarkt</u>.　スーパーが見えるわ。

① s Café / e Kirche　カフェ／教会
② r Bahnhof / s Kaufhaus　駅／デパート
③ e Post / r Park　郵便局／公園

Übung 4　下線部を入れかえて，互いに尋ねよう。

○ Wie findest du den Tisch?　● Ich finde den Tisch praktisch.
　このテーブルをどう思う？　　　このテーブルは実用的だと思う。

r Tisch / Stuhl / Schrank / Sessel / Teppich
　机　　椅子　クローゼット　ひじ掛けいす　カーペット
e Stehlampe / Kommode / Waschmaschine
　スタンドライト　　たんす　　　洗濯機
s Regal / Bett / Sofa
　棚　　ベッド　ソファ

teuer / billig
高価な　安い
elegant / hässlich
エレガントな　不格好な
bequem / unbequem
快適な　　快適でない
praktisch / unpraktisch
実用的な　　非実用的な

Übung 5　Übung 4 の答えの文中の名詞を，人称代名詞を使って言いかえてみよう。

Wie findest du den Tisch?　Ich finde den Tisch praktisch.
　　　　　　　　　　→ Ich finde ihn praktisch.　それは実用的だと思う。

メモ　人称代名詞の4格　　er → ihn　　sie → sie　　es → es
→ Tabelle III

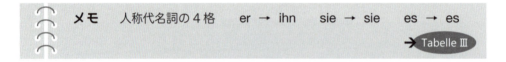

否定冠詞 kein

否定文を作るときに用いられます。

	男性名詞	女性名詞	中性名詞	複数名詞
1格	kein Mann	keine Frau	kein Kind	keine Kinder
4格	keinen Mann	keine Frau	kein Kind	keine Kinder

Übung 6　例にならって表現しよう。

e Uhr　時計
　○ Hast du eine Uhr?　● Nein, ich habe keine Uhr.
　　時計持ってる？　　　　いや，持ってない。

r Durst　のどの渇き
　○ Hast du Durst?　● Nein, ich habe keinen Durst.
　　のど渇いてる？　　　　いや，渇いてない。

① r Computer　コンピュータ　② e Tüte　袋　③ s Wörterbuch　辞書
④ r Hunger　空腹　　　　　　⑤ e Zeit　時間　⑥ s Geld　お金

Übung 7 次の名詞の複数形を調べよう。

Kugelschreiber	Fernseher	Handy	Brille	Kamera
Schlüssel	Feuerzeug	Computer	Bleistift	Uhr	Tasse
Flasche	Auto	Bus	Hund	Katze	Baby

→ 巻末 75 頁参照

Übung 8 持っていますか？ いくつ持っていますか？下線部に数や語尾を入れてみよう。

Ich habe ...
- ☐ keinen Computer.　☐ ein____ Computer.　☐ zwei Computer____.
- ☐ keine Uhr.　　　　☐ ein____ Uhr.　　　☐ _____ Uhr____.
- ☐ kein Handy.　　　 ☐ ein____ Handy.　　☐ _____ Handy____.

Übung 9 ルームメイトを探そう！

下のリストから，自分が持っている家具・家電3点にチェックを入れ，イラストを描いてみよう。
あなたの持っていない家具・家電を持っている人を探そう。自分の持ち物と相手の持ち物をあわせて
6点そろえば，ゴール！

Ich habe <u>einen Kühlschrank</u>. Das ist <u>mein Kühlschrank</u>. Er ist ganz neu.
Aber ich habe <u>keine Waschmaschine</u>. Hast du <u>eine Waschmaschine</u>?

- ☐ r Kühlschrank　☐ e Waschmaschine　☐ s Bett　☐ r Computer
- ☐ s Sofa　　　　☐ e Klimaanlage　　☐ s Auto　☐ r Fernseher
- ☐ e Kommode　　☐ s Regal

Ich habe einen / eine / ein ...		
Hast du einen / eine / ein ... ?		

所有冠詞

「私の」「あなたの」という意味を表します。→ 23 頁参照

	男性名詞	女性名詞	中性名詞	複数名詞
1格	mein Mann	meine Frau	mein Kind	meine Kinder
4格	meinen Mann	meine Frau	mein Kind	meine Kinder

家族・親戚

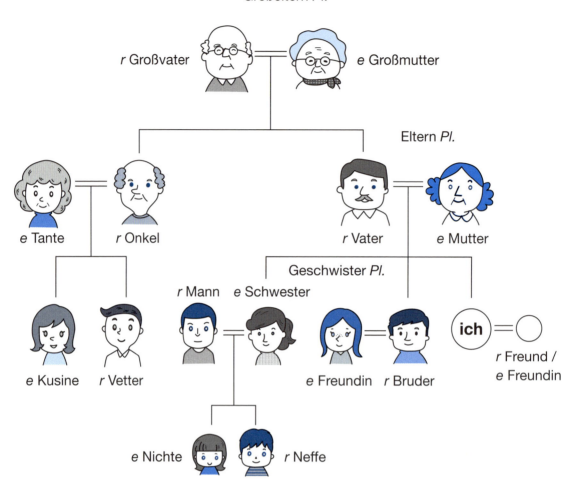

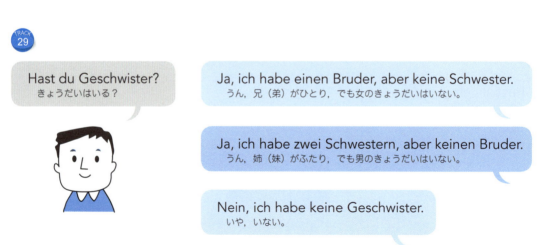

Übung 10　「きょうだいはいる？」　上の例にならって尋ねよう。

Lesen

Nana erzählt von ihrer Familie.

Meine Familie in Japan ist groß: mein Vater, meine Mutter, meine Großmutter, meine Schwester und ich. Mein Vater ist 51 Jahre alt. Er ist Ingenieur. Er ist streng, aber sehr nett. Er fährt gern Auto und angelt* auch sehr gern. Meine Mutter ist 48 Jahre alt. Sie ist Friseurin. Sie kocht sehr gut. Sie singt sehr gern Karaoke. Meine Eltern reisen oft zusammen.

Meine Großmutter ist 79 Jahre alt. Sie ist noch sehr gesund. Sie macht jeden Tag einen Spaziergang und schwimmt im Schwimmbad. Das sind ihre Hobbys. Meine Schwester ist 26 Jahre alt. Sie arbeitet schon als* Lehrerin. Sie spielt sehr gut Klavier.

* angeln 釣りをする　　als ～として

Fragen zum Text
① Was sind ihre Eltern von Beruf?
② Was machen ihre Eltern gern?
③ Was macht ihre Großmutter jeden Tag?
④ Ist ihre Schwester auch Studentin?

上の文章にならって，あなたの家族を紹介しよう。

Übung 11 ＿＿＿には [　　] 内の人称代名詞に相当する所有冠詞を，…には否定冠詞を入れよう。

① Nana spielt gern Geige. Aber heute hat sie nicht ＿＿＿ Geige.　[sie] (e Geige)
② Daniel repariert ＿＿＿ Fahrrad.　[er] (s Fahrrad)
③ Leo hat heute ＿＿＿ Computer nicht. Heute hat er ＿＿＿ Handy auch nicht. Und er hat … Geld.　[er] (r Computer / s Handy / s Geld)
④ Wir haben heute … Unterricht.　(r Unterricht)
⑤ Leo hat einen Hund und eine Katze. ＿＿＿ Hund hat kurze Beine und ＿＿＿ Katze hat lange Haare.　[er] (r Hund / e Katze)
⑥ ○ Sind sie ＿＿＿ Bücher, Paula?
　● Ja, sie sind ＿＿＿ Bücher. Ich lese sehr gern.　[du / ich] (Bücher Pl.)

Lesen 次の手紙を読んで質問に答えよう。

Hallo, Paula,

wie geht's? Mir geht's ganz gut. Ich arbeite jetzt als Deutschlehrerin in Tokyo. Meine Arbeit ist prima, die Stadt ist interessant und die Leute sind sehr nett. Aber das Wohnen ist ein Problem. Ich habe eine Ein-Zimmer-Wohnung. Sie ist sehr eng und leider ist sie auch sehr laut. Ich suche jetzt eine Zwei-Zimmer-Wohnung.

Liebe Grüße,
Lala

Fragen zum Text
① Wie findet Lala ihre Arbeit?
② Wie findet Lala die Stadt?
③ Hat Lala ein Problem?
④ Was sucht Lala jetzt?

 学校に行く前の Leo とお母さんの会話です。Leo がカバンに入れているものに〇をつけよう。

s Heft   r Bleistift   s Lineal   e Turnhose   s Handtuch

istockphoto.com/©Mlenny

文法のまとめ

名詞の性と定冠詞・不定冠詞・人称代名詞

名詞は男性名詞，女性名詞，中性名詞のいずれかに分類され，それぞれ異なった冠詞を用います。

冠詞には定冠詞と不定冠詞があります。定冠詞は既に言及された名詞や，ひとつしかないものに用いられます。不定冠詞は初めて言及される名詞に用いられます。

男性名詞を受けて「それは…」という意味を表す人称代名詞は er を用います。同様に女性名詞の場合は sie を，中性名詞の場合は es を，複数名詞の場合は sie（「それらは」）を用います。

	男性名詞	女性名詞	中性名詞	複数名詞
定冠詞	der Mann	die Frau	das Kind	die Kinder
不定冠詞	ein Mann	eine Frau	ein Kind	Kinder
人称代名詞	er	sie	es	sie

冠詞と名詞の格変化（1・4格）

文における名詞の役割は格によって表されます。1格は「〜は／〜が」「〜です」という意味で主語・述語として，4格はおもに「〜を」という意味で用いられます。

	男性名詞	女性名詞	中性名詞	複数名詞
1格	der Mann	die Frau	das Kind	die Kinder
	ein Mann	eine Frau	ein Kind	Kinder
4格	den Mann	die Frau	das Kind	die Kinder
	einen Mann	eine Frau	ein Kind	Kinder

不定冠詞と同様の変化をする冠詞類

Ⅰ. 否定冠詞：不定冠詞つきの名詞，および無冠詞の名詞を否定するときに用いられます。

	男性名詞	女性名詞	中性名詞	複数名詞
1格	kein Mann	keine Frau	kein Kind	keine Kinder
4格	keinen Mann	keine Frau	kein Kind	keine Kinder

Ⅱ. 所有冠詞：「私の」「君の」という意味を表す冠詞を所有冠詞といいます。所有冠詞は不定冠詞と同様の変化をします。

	男性名詞	女性名詞	中性名詞	複数名詞
1格	mein Mann	meine Frau	mein Kind	meine Kinder
4格	meinen Mann	meine Frau	mein Kind	meine Kinder

ich → mein du → dein er → sein sie → ihr es → sein
wir → unser ihr → euer sie → ihr Sie → Ihr

Lektion 4　Ich möchte eine Halskette.

Skizze 1

フリッツは，パウラの誕生日プレゼントを買おうとしています。
Fritz kauft Paula ein Geschenk zum Geburtstag.

Verkäuferin	:	Grüß Gott!*
Fritz	:	Grüß Gott!
Verkäuferin	:	Was möchten* Sie?
Fritz	:	Ich möchte eine Halskette.
Verkäuferin	:	Wie finden Sie die dort?
Fritz	:	Nicht schlecht.* Was kostet sie?
Verkäuferin	:	98 Euro.
Fritz	:	Oh, das ist mir zu teuer.
Verkäuferin	:	Und wie gefällt* Ihnen die Halskette hier? Die ist sehr schick* und kostet nur 54 Euro.
Fritz	:	Gut. Die nehme ich.
Verkäuferin	:	Ist das ein Geschenk?
Fritz	:	Ja. Die Halskette schenke ich meiner Freundin. Auf Wiedersehen!

> **値段の表現**
>
> **Was / Wie viel kostet die Halskette?**
> このネックレスはいくらですか？
>
> **Die [Halskette] kostet 86,40 Euro.**
> これ［このネックレス］は 86 ユーロ 40 セントです。

Grüß Gott!　おはようございます，こんにちは，こんばんは（南ドイツ，オーストリアで使われる）
möchte　ほしい（32頁参照）　　schlecht　悪い　　gefallen　気に入る　　schick　シックな

Übung 1　互いに尋ねよう。

○ Wie gefällt Ihnen die Stehlampe?
　このフロアスタンドはいかがですか？

● Die ist sehr schick. Sie gefällt mir gut.
　これはとてもシックですね。気に入りました。

● Die ist nicht schick. Sie gefällt mir nicht.
　これはシックではありませんね。気に入りません。

r Anzug / Rock / Mantel / Hut / Lippenstift スーツ　スカート　コート　帽子　リップ e Jacke / Bluse / Krawatte ジャケット　ブラウス　ネクタイ s Kleid / Hemd / T-Shirt / Parfüm ワンピース　シャツ　Tシャツ　香水	feminin　männlich フェミニンな　男性的な elegant　schön エレガントな　きれいな sportlich スポーティーな

人称代名詞の格変化

1格	ich	du	er	sie	es	wir	ihr	sie	Sie
3格	mir	dir	ihm	ihr	ihm	uns	euch	ihnen	Ihnen
4格	mich	dich	ihn	sie	es	uns	euch	sie	Sie

Übung 2 誕生日プレゼントを贈ろう。

○ Was schenkst du <u>deinem Vater</u> zum Geburtstag?　お父さんの誕生日に何をプレゼントする？
● Ich schenke <u>ihm</u> <u>eine Krawatte</u>.　ネクタイをプレゼントする。

> Vater　Mutter　Bruder　Schwester
> Freund　Freundin　Lehrer / Lehrerin

> *r* Wecker / Schal / Geldbeutel
> 　目覚まし時計　スカーフ　さいふ
> *e* Uhr / Krawatte / Tasche
> 　時計　　ネクタイ　　バッグ
> *s* Kochbuch / Handtuch / Fahrrad
> 　料理の本　　タオル　　自転車
> Blumen / Ohrringe / Handschuhe *Pl.*
> 　花　　イヤリング　　手袋

○ Und was schenkst du <u>mir</u> zum Geburtstag?
　で、私の誕生日には何をプレゼントしてくれる？
● Ich schenke <u>dir</u> nichts.　なんにもあげない。

Hören　ナナが八百屋さんで買い物をしています。CDを聴いて質問に答えよう。

①ナナが買ったものに○を，買わなかったものに×をつけよう。

r Apfel　　*e* Banane　　*e* Birne　　Erdbeeren *Pl.*　　*e* Gurke　　Kartoffeln *Pl.*

r Kohl　　*r* Kopfsalat　　*e* Orange　　*e* Paprika　　*e* Zwiebel

②買い物の合計金額はいくらですか。

メモ　値段の読み方
Eine Tasse kostet 1,25 Euro. = einen* Euro fünfundzwanzig
Ein Messer kostet 0,79 Euro. = neunundsiebzig Cent　　　1 Euro = 100 Cent
　　　　　　　　　　　　　　　　　* 日常では ein Euro と言われることが多い。

Übung 3　下線部に（　　）内の所有冠詞を格変化させて入れよう。

① Die Halskette gefällt _____ Freundin nicht.　(mein)
② Petra schenkt _____ Freund eine Krawatte.　(ihr)
③ Hans schreibt _____ Bruder eine Ansichtskarte.*　(sein)
④ Was schickst du _____ Eltern?　(dein)
⑤ Das Auto gehört _____ Lehrer.　(unser)
⑥ Hilfst* du oft _____ Mutter?　(dein)

　　* e Ansichtskarte 絵ハガキ　　hilfst ← helfen: 3格の目的語をとる　　所有冠詞の格変化 → Tabelle ⅡD

Übung 4　下線部に（　　）内の人称代名詞を格変化させて入れよう。

① Gefällt _____ der Schal nicht?　(du)
② Die Stehlampe ist _____ zu teuer.　(wir)
③ Der Mantel steht _____ gut.　(Sie)
④ Die Frau gibt _____ oft Taschengeld.　(wir)
⑤ Morgen hat meine Schwester Geburtstag. Ich schenke _____ eine Tasche.　(sie)
⑥ ○ Kennen Sie den Mann da?　● Ja, ich kenne _____ gut.　(er)
⑦ ○ Wem gehört der Anzug?　● Er gehört _____.　(ich)
⑧ Meine Großeltern wohnen in Paris. Besuchen wir _____ mal!　(sie)

Übung 5　メッセージが届きました。返事を出そう。

Hallo! Wie geht's?
Hast du morgen Abend Zeit?
Gehen wir zusammen essen?
Vielleicht gegen halb sieben?
Übrigens, ich habe am Sonntag Geburtstag.
Ich glaube, du schenkst mir sicher etwas.
Was bekomme ich?
Ich möchte eine Tasche oder einen Schal.

Skizze 2

フリッツはパウラにプレゼントを渡します。Fritz reicht Paula sein Geschenk.

Fritz : Bitte schön!
Paula : Was ist das?
Fritz : Eine Halskette.
Paula : Für mich?
Fritz : Ja. Das ist ein Geschenk von mir.
　　　　Herzlichen Glückwunsch zum Geburtstag!
Paula : Oh, das ist aber eine Überraschung*!
Fritz : Ich glaube,* die steht* dir gut.
　　　　Gefällt dir die Halskette nicht?
Paula : Doch. Vielen Dank!
Fritz : Mit der Halskette siehst du sehr elegant aus.*

前置詞（1）

mit ～で，～とともに
　mit＋3格 → mit der Halskette
von ～から，～の，～によって
　von＋3格 → von mir
für ～のため，～にとって
　für＋4格 → für mich

前置詞はひとつひとつ次にくる名詞・代名詞の格が決まっています（＝前置詞の格支配）

e Überraschung 驚き　　glauben 思う　　stehen 似合う
siehst ... aus ← aussehen 見える（分離動詞 → 35 頁参照）

Übung 6　互いに尋ねよう。

○ Wie kommst du zur Uni?　どうやって大学に来るの？
● Mit der U-Bahn.　　　　　地下鉄で。

r Bus　　e U-Bahn　　e S-Bahn　　s Auto　　s Fahrrad

○ Mit wem chattest du gern?　誰とチャットするのが好き？
● Mit meiner Schwester.　　　お姉ちゃんと。

○ Für wen kochst du?　誰のために料理をするの？
● Für meinen Vater.　　お父さんのため。

Vater　　Mutter　　Bruder　　Schwester　　Freund　　Freundin

メモ　　否定の語を含む疑問文とその答え方

Bist du müde?　　　　Ja, ich bin müde. / Nein, ich bin nicht müde.
疲れてる？　　　　　　うん，疲れてる。　　　いや，疲れてない。

Bist du nicht müde?　Doch, ich bin müde. / Nein, ich bin nicht müde.
疲れてない？　　　　　いや，疲れてる。　　　うん，疲れてない。

Übung 7 与えられた語句を参考にして下線部にふさわしい表現を入れよう。

① _____ siehst du sehr schick aus.　(mit / die Krawatte)
　　　　　　　　　　　　　　　　　　　　　　　　　　　そのネクタイをつけると
② Das ist das Geschenk _____.　(von / meine Eltern)　私の両親からの
③ Arbeitest du _____?　(für / deine Familie)　あなたの家族のために
④ _____ spielen wir Tennis.　(nach / der Unterricht)　授業の後
⑤ Wie komme ich _____?　(zu / der Bahnhof)　駅へ
⑥ Wie komme ich _____?　(zu / die Bank)　銀行へ

 Lesen　テキストを読んで質問に答えよう。

Nana erzählt.

Heute gehe ich mit meiner Freundin Paula einkaufen.* Wir suchen zusammen Geschenke. Zuerst kauft Paula ein Geschenk für ihren Neffen* Leo. Er hat bald Geburtstag. Was gefällt ihm wohl? Ich habe keine Ahnung,* denn ich kenne ihn gar nicht. Aber Paula sagt, Leo spielt sehr gern Fußball. Vielleicht Fußballschuhe? Oder ist die Idee nicht so gut?

Nach dem Mittagessen suchen wir ein Geschenk von mir für meine Eltern. Sie feiern bald ihren Hochzeitstag.* Deshalb schenke ich ihnen etwas. Was gefällt ihnen wohl? Paula empfiehlt mir ein Puzzle mit einer romantischen Landschaft. Das ist ja lustig, aber ... Ich glaube, das Puzzle gefällt meiner Mutter, aber meinem Vater ... Hm ... Vielleicht schenke ich meinen Eltern Weingläser.

　* einkaufen gehen　買い物に行く　　　*r* Neffe：男性弱変化名詞 → Tabelle Ⅱ 下の注参照
　　keine Ahnung haben　わからない　　*r* Hochzeitstag　結婚記念日

Fragen zum Text
① Für wen kauft Paula ein Geschenk?
② Warum schenkt Paula ihrem Neffen etwas?
③ Was empfiehlt Paula als Geschenk für die Eltern von Nana?
④ Wie findet Nana die Idee von Paula?

文法のまとめ

3格：日本語の「〜に」にほぼ相当します → Tabelle Ⅱ

定冠詞＋名詞

dem Mann　　　　　**der** Frau　　　　　**dem** Kind　　　　　**den** Kinder**n**＊

不定冠詞・所有冠詞＋名詞

meinem Mann　　　**meiner** Frau　　　**meinem** Kind　　　**meinen** Kinder**n**＊

＊名詞の複数形では，3格の語尾に -n をつけます。ただし複数1格が -n, - s で終わるものは除きます。

Nana gibt **den Kindern** Schokoladen.　　　ナナは子供たちにチョコレートを与えます。
Daniel schenkt **seiner Freundin** eine Halskette.　ダニエルはカノジョにネックレスをプレゼントします。

人称代名詞の格変化 → Tabelle Ⅲ

Das ist **mir** zu teuer.　　　　　　　　　　それは私には高すぎます。
Kennen Sie den Mann da? — Ja, ich kenne **ihn**.　そこの男性をご存知ですか？
　　　　　　　　　　　　　　　　　　　　　　　はい，私は彼を知っています。

前置詞（1）

前置詞は，おもに名詞・代名詞の前に置かれてさまざまな意味を表しますが，前置詞ごとに次にくる名詞・代名詞の格が決まっています。これを前置詞の格支配といいます。

Ⅰ．2格支配の前置詞

statt 〜のかわりに	trotz 〜にもかかわらず	
während 〜の間じゅう	wegen 〜のゆえに	など

Trotz des Regens gehen wir schwimmen.　　雨にもかかわらず，私たちは泳ぎに行きます。
Während des Sommers bleibe ich in München.　夏の間じゅう，私はミュンヒェンにいます。

Ⅱ．3格支配の前置詞

aus 〜の中から	bei 〜のところに，〜の際に	mit 〜を使って，〜と一緒に
nach 〜へ，〜の後で	seit 〜以来	von 〜の，〜から，〜について，〜によって
zu 〜のところへ	など	

Peter wohnt **bei seiner Mutter**.　　　　　　ペーターは母親のところに住んでいます。
Fahren wir **mit dem Bus**!　　　　　　　　　バスで行こう！
Nana lernt **seit zwei Jahren** Deutsch.　　　ナナは2年前からドイツ語を学んでいます。
Das Geschenk ist **von meinem Vater**.　　　このプレゼントは父からのものです。
Wie komme ich **zum**＊ **Bahnhof**?　　　　　駅へはどう行くのですか？

＊ zum (zu dem) のように，前置詞のなかには定冠詞と融合して一語になるものがあります。→ 47 頁参照

Ⅲ．4格支配の前置詞

durch 〜を通って	für 〜のために，〜にとって	gegen 〜に反対して，〜頃
ohne 〜なしで	um 〜のまわりに，〜時に	など

Ich koche **für meine Familie**.　　　　　　　私は家族のために料理をします。
Monika fährt **ohne ihren Mann** nach Spanien.　モニカは夫を伴わずにスペインへ行きます。
Die Kinder sitzen **um das Feuer** und singen.　子供たちは火のまわりに座って歌っています。

Lektion 5　Hast du am Wochenende etwas vor?

Skizze 1

ナナとダニエルは週末の予定を話しています。Daniel verabredet mit Nana einen Ausflug am Wochenende.

Daniel　：　Sag mal, hast du am Wochenende* etwas vor?
　　　　　　Ich fahre am Wochenende an einen See. Dort fotografiere ich.
　　　　　　Kommst du mit?
Nana　　：　Gerne! Ich habe am Wochenende nichts vor. Ich komme gerne mit.
Daniel　：　Ich fahre mit dem Auto. Fahren wir gegen 7 Uhr ab!
　　　　　　Ich hole dich am Bahnhof ab.*
Nana　　：　O.K.
Daniel　：　Also dann, ich rufe dich noch mal am Freitag an.*

> am Wochenende　週末に　　　ab|holen　ピックアップする　　　an|rufen　〜⁴に電話をかける

分離動詞

本体となる動詞に，アクセントのある前つづりが結合してできた動詞を分離動詞といいます。
vor ＋ haben → vor|haben
分離動詞が定動詞のときは，前つづりは分離して文末に置かれます。
Ich **habe** am Wochenende nichts **vor**.

Übung 1　分離動詞を探そう。

> ankommen　　aufstehen　　ausgehen　　bekommen　　besuchen　　einschlafen
> frühstücken　　mitnehmen　　verstehen　　zurückkommen

Übung 2　例にならって，分離動詞を使ってナナとダニエルの週末の行動を表現しよう。

　　aufstehen　　　Nana: um 6.15 Uhr　→　Nana <u>steht</u> um 6.15 Uhr <u>auf</u>.
　　　　　　　　　　Daniel: 5.30 Uhr

　　abholen　　　　Daniel: Nana / am Bahnhof

　　abfahren　　　 Daniel und Nana: gegen 7 Uhr

Übung 3 ナナの一日です。ドイツ語で表現しよう。

  um 7 Uhr / aufstehen
起きる

 um 12.30 Uhr / in der Mensa zu Mittag essen
学食で昼ごはんを食べる

  um 7.30 Uhr / frühstücken
朝食をとる

 von 16 bis 19 Uhr / Geige spielen
ヴァイオリンをひく

  um 8 Uhr / ihre Wohnung verlassen
住まいを出る

 gegen 20 Uhr / nach Hause zurükkommen
帰宅する

 gegen 9 Uhr / in der Uni ankommen
大学に着く

 von 22 bis 23 Uhr / fernsehen
テレビを見る

 um 11 Uhr / an dem Seminar teilnehmen
ゼミに出席する

 um 24 Uhr / ins Bett gehen
就寝する

Nana steht um 7 Uhr auf. ナナは7時に起きる。
Um 7.30 Uhr ...

Übung 4 あなたの一日の行動は？

Übung 5 互いに尋ねよう。

○ Wie lange schläfst du jeden Tag?　　毎日どのくらい眠るの？
● Ich schlafe jeden Tag 6 Stunden.　　毎日6時間眠るの。

① Wann stehst du jeden Tag auf?
② Wie lange siehst du jeden Tag fern?
③ Wann fängt der Unterricht an?

Skizze 2

ナナとダニエルはドライブしています。Nana und Daniel bei der Spazierfahrt.

Nana   : Diese Gegend* ist wirklich schön. Hier kannst du viel fotografieren.
Daniel : Ja, stimmt.* Heute ist es sonnig* und warm.
Nana   : Möchtest du etwas trinken?
Daniel : Ich will Bier trinken. Aber jetzt darf ich keinen Alkohol trinken. Schade*!
Nana   : Hier ist es so schön! Ich möchte hier Fahrrad fahren.
Daniel : Gute Idee*! Wollen wir nächstes Mal* zusammen Rad fahren*?

| e Gegend 地域，あたり | [Es] stimmt. たしかに，そのとおり | sonnig 晴れた | schade 残念だ |
| Gute Idee グッドアイデア | nächstes Mal 次回は | Fahrrad / Rad fahren 自転車に乗る | |

話法の助動詞

	dürfen	können	müssen	sollen	wollen	möchte
	～してよい	～できる	～しなければならない	～すべきだ	～するつもりだ	～したい
ich	darf	kann	muss	soll	will	möchte
du	darfst	kannst	musst	sollst	willst	möchtest
er / sie / es	darf	kann	muss	soll	will	möchte

話法の助動詞の構文   Ich **möchte** hier mit dem Fahrrad **fahren**.
　　　　　　　　　　Wollen wir nächstes Mal Rad **fahren**?

Übung 6　例にならって，(　) 内の話法の助動詞を用いた文に書きかえよう。

Daniel trinkt Bier. (wollen) → Daniel <u>will</u> Bier <u>trinken</u>.
　　ダニエルはビールを飲むつもりだ。

① Daniel fährt morgen mit dem Auto nach Berlin. (wollen)
② Schwimmst du schnell? (können)
③ Ihr steigt in Dresden um. (müssen)
④ Leo ruft am Wochenende seinen Freund an. (möchte)
⑤ Schließe ich das Fenster? (sollen)
⑥ Parke ich hier? (dürfen)

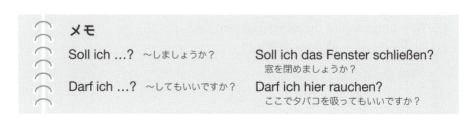

Übung 7
例にならって，（ ）内の話法の助動詞を用いて質問に対する答えの文を作ろう。

zum Arzt gehen（müssen） 医者に行く

○ Was hast du heute Nachmittag vor? 今日の午後，何を予定しているの？
● Ich muss heute Nachmittag zum Arzt gehen. 今日の午後は医者に行かなければならない。

① ins Kino gehen（möchte） 映画に行く
② meine Mutter anrufen（müssen） 母に電話する
③ ein Paket von der Post abholen（sollen） 荷物を郵便局で受け取る
④ für das Referat vorbereiten（müssen） 発表の準備をする
⑤ dir helfen（können） 君を手伝う

Übung 8
下線部を入れかえて練習しよう。

○ Hast du morgen Abend etwas vor?　　明日の晩，何か予定ある？
　Ich möchte ins Kino gehen. Kommst du mit?　映画に行きたいんだ。一緒に来る？
● Tut mir leid. Ich kann nicht mitkommen.　ごめんなさい。私は一緒に行けないわ。
　Ich muss ein Referat schreiben.　レポートを書かなければいけないから。

○
| heute | Vormittag / Nachmittag |
| morgen | Abend |

schwimmen gehen 泳ぎに行く
essen gehen 食事に行く
spazieren gehen 散歩する　joggen ジョギングする

● für die Prüfung lernen 試験勉強をする　jobben アルバイトする
mein Zimmer aufräumen 自分の部屋を片づける
bügeln アイロンをかける

Hören
童話「白雪姫」の一場面です。CDを聴いて，（ ）に適切な話法の助動詞を入れよう。

„Das muss die Königin sein. Sie (　　　　) dir das Leben nehmen.*
Du (　　　　) die Tür nicht öffnen. Du (　　　　) keinen Menschen
mehr hereinlassen.*"

* ...³ das Leben nehmen 〜の命を奪う　　hereinlassen 中に入れる

Übung 9 （　）内の話法の助動詞を使って文を完成させ，内容に合うイラストを選ぼう。
ドイツの子供たちは何歳から何ができるでしょう？

[　]　　　　　　　　　　　　　　[　]

[　]　　　　　　　　　　　　　　[　]

In Deutschland ...

① Ab 6 Jahren _____ Kinder ohne Begleitung bis 20 Uhr Kino besuchen.
（ können ）

② Ab 12 Jahren _____ Kinder im Auto ohne Kindersitz mitfahren. （ können ）

③ Ab 15 Jahren _____ Jugendliche* arbeiten. （ dürfen ）

④ Ab 16 Jahren _____ Jugendliche Bier, Wein oder Sekt kaufen. （ dürfen ）

* Jugendliche　（14 歳以上 18 歳未満の）青少年

Übung 10　ドイツ語の文章を読んで，（　）に適切な日本語を入れよう。

In Deutschland soll man an Sonn- und Feiertagen* nicht staubsaugen, Klavier spielen und Auto waschen. Man darf mit 16 Jahren Alkohol trinken und mit 18 Jahren rauchen. Autos müssen rechts fahren.

* an Sonn- und Feiertagen = an Sonntagen und Feiertagen

ドイツでは日曜日と祝日には，（　　　　　），（　　　　　），（　　　　　）ことは慎むべきだ。（　　　　　）が許されるのは 16 歳から，（　　　　　）が許されるのは 18 歳からである。車は（　　　　　）を通行しなければならない。

> **メモ　不定代名詞 man**
> 不特定の人を表す主語として用いられます。
> man が主語のとき，定動詞は 3 人称単数の形になります。

Übung 11 天気図を見て，それぞれの地域の気象状況を説明しよう。

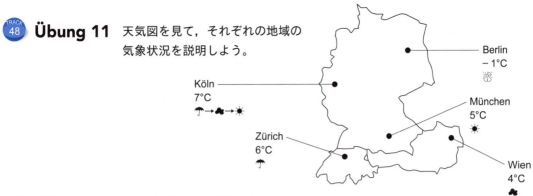

○ Wie ist das Wetter in Berlin? Wie viel Grad sind es?
ベルリンの天気はどう？ 気温は何度？

● In Berlin schneit es und es sind 1 Grad minus (unter Null). Es ist sehr kalt.
ベルリンは雪が降っていてマイナス1度。すごく寒いよ。

> Es regnet / schneit.
> Es ist warm / heiß / kalt / windig / bewölkt / wechselhaft / sonnig.
> Es sind 5 Grad / 5 Grad minus (unter null).

文法のまとめ

分離動詞

本体となる動詞に，アクセントのある前つづりが結合してできた動詞を分離動詞といいます。

vor ＋ haben → vorhaben　予定している

分離動詞が定動詞のときは，前つづりは分離して文末に置かれます。

Ich **habe** am Wochenende nichts **vor**.　私は週末に何も予定はありません。

話法の助動詞

動詞を補ってさまざまなニュアンスをつける助動詞を，話法の助動詞といいます。

→ Tabelle IC

話法の助動詞の構文：話法の助動詞が定動詞として用いられ，動詞は不定詞の形で文末に置かれます（分離動詞も不定詞にして文末に）。

Ich **will** Bier **trinken**.　私はビールを飲むつもりだ。
Soll ich das Fenster **schließen**?　窓を閉めましょうか？
Möchtest du etwas **trinken**?　あなたは何か飲みたい？

非人称の es

特定の人や物を表さない es を，非人称の es といいます。天候や自然現象などを表現するときに，主語として用いられます。

Es regnet.　雨が降る。　　　Es schneit.　雪が降る。
Es ist heiß.　暑い。　　　　Es ist kalt.　寒い。
Es ist mir kalt. / Mir ist kalt.　私は寒い。

Lektion 6　Was hast du in den Sommerferien gemacht?

Skizze 1

夏休みの後，ナナはパウラにばったり会いました。Nach den Sommerferien begegnet Nana Paula.

Paula : Hallo, Nana! Lange nicht gesehen!*
Nana : Hallo, Paula! Was hast du in den Sommerferien* gemacht?
Paula : Ich habe fast* jeden Tag* Tennis gespielt.
Nana : Mit Fritz?
Paula : Nein. Er hat die ganze Zeit* gearbeitet.
　　　　Aber am Wochenende sind wir ins Kino gegangen und
　　　　danach haben wir zusammen zu Abend gegessen.
Nana : Im Restaurant?
Paula : Ja, manchmal.* Aber meistens* haben wir zu Hause gekocht.

[Wir haben uns] Lange nicht gesehen!　ひさしぶり！　　Sommerferien Pl.　夏休み　　fast　ほぼ
jeden Tag　毎日　　die ganze Zeit　その間ずっと　　manchmal　ときどき　　meistens　たいてい

動詞の三基本形

動詞の不定詞（原形），過去基本形，過去分詞を三基本形といいます。過去基本形，過去分詞の作り方には、**規則変化**と**不規則変化**があります。

	不定詞	過去基本形	過去分詞	不定詞	過去基本形	過去分詞
規則変化	mach**en**	mach**te**	**ge**mach**t**	arbeit**en**	arbeit**ete**	**ge**arbeit**et**
不規則変化	gehen	ging	gegangen	essen	aß	gegessen

→ 不規則変化動詞の過去基本形，過去分詞は，辞書または巻末の変化表で確認しよう！

Übung 1　以下の動詞の三基本形を確認しよう。

● 規則変化　：hören　kaufen　kochen　lernen　reisen　spielen　warten

● 不規則変化：bleiben　essen　fahren　kommen　lesen　nehmen　schwimmen
　　　　　　　sehen　sprechen　trinken

現在完了

ドイツ語では過去のできごとを語るとき，おもに**現在完了**を用います。

現在完了＝ haben / sein の現在人称変化＋過去分詞（文末）

Ich **habe** fast jeden Tag Tennis **gespielt**.　私はほとんど毎日テニスをしました。
Am Wochenende **sind** wir ins Kino **gegangen**.　週末に私たちは映画に行きました。

過去分詞になる動詞によって haben を用いるか，sein を用いるかが決まっています。多くの動詞は haben を用います。
sein を用いる動詞は，辞書などで gehen (s) もしくは sein 支配 のように記されています。

Übung 2　＿＿ には haben または sein を現在人称変化させて入れ，＿＿ には（　）内の動詞を過去分詞にして入れよう。

① Was ＿＿ Sie gestern ＿＿＿＿？（machen）
② Ich ＿＿ gestern für meine Familie ＿＿＿＿？（kochen）
③ Meine Eltern ＿＿ im Juli nach Japan ＿＿＿＿．（reisen）
④ Wie lange ＿＿ du ＿＿＿＿？（warten）
⑤ Ich ＿＿ das Buch noch nicht ＿＿＿＿．（lesen）
⑥ Die Frau ＿＿ sehr gut Deutsch ＿＿＿＿．（sprechen）
⑦ Wir ＿＿ im Sommer in München ＿＿＿＿．（bleiben）

Übung 3　例にならって語句を選び，過去のできごとを表す文を作ろう。

Ich habe gestern Tennis gespielt. 私は昨日テニスをした。

ich	gestern	Tennis spielen
wir	vorgestern	Musik hören
Nana	gestern Nachmittag	eine CD kaufen
Daniel	in der Nacht	kochen
meine Eltern	am Sonntagvormittag	Deutsch lernen
Paula und Fritz	am Wochenende	Kuchen essen
	vor drei Tagen	Kaffee trinken
	letzte Woche	ins Kino gehen
	letztes Jahr	nach Berlin fahren
	in den Sommerferien	im See schwimmen

Skizze 2

ふたりの会話は続いています。Ihr Gespräch setzt sich fort.

Paula : Und du, Nana? Was hast du in den Sommerferien gemacht?
Nana : Ich habe die Sprachschule* besucht und an einem Deutschkurs* teilgenommen.
Paula : Bist du die ganze Zeit in München geblieben?
Nana : Nein. Ich bin mit Daniel nach Salzburg gefahren.
　　　　Schau mal, das sind die Fotos. Ich habe fotografiert.
Paula : Seid ihr mit dem Zug dorthin* gefahren?
Nana : Nein, mit dem Auto. Auf dem Weg* ist der Motor* kaputt gegangen.
　　　　Aber Daniel hat den Motor selber* repariert. Daniel ist super.

e Sprachschule 語学学校	r Deutschkurs ドイツ語講習	dorthin そこへ
auf dem Weg 途中で	r Motor エンジン	selber 自分で

過去分詞の特例

① ge- がつかない：besuchen → **ge**besucht　　repariern → **ge**repariert
② ge- が間に入る（分離動詞）：teilnehmen → teil**ge**nommen

Übung 4　ナナの昨日の行動。ドイツ語で表現しよう。

- um 7 Uhr / aufstehen　　　　　　　　　　起きる
- um 7.30 Uhr / frühstücken　　　　　　　朝食をとる
- um 8 Uhr / ihre Wohnung verlassen　　　住まいを出る
- gegen 9 Uhr / in der Uni ankommen　　　大学に着く
- um 11 Uhr / an dem Seminar teilnehmen　ゼミに出席する
- um 12.30 Uhr / in der Mensa zu Mittag essen　学食で昼ごはんを食べる
- von 16 bis 19 Uhr / Geige spielen　　　ヴァイオリンをひく
- gegen 20 Uhr / nach Hause zurückkommen　帰宅する
- von 22 bis 23 Uhr / fernsehen　　　　　テレビを見る
- um 24 Uhr / ins Bett gehen　　　　　　就寝する

　　Gestern ist Nana um 7 Uhr aufgestanden.　昨日ナナは7時に起きた。
　　Um 7.30 Uhr ...

Übung 5　あなたの昨日の行動は？　ドイツ語で表現しよう。

Übung 6　ドイツ語で表現しよう。

○ Was hast du am Wochenende / in den Sommerferien gemacht?
● Ich habe / bin ...

die Fahrschule besuchen und den Führerschein machen　　教習所に通って免許を取る
in die Stadt fahren und einen Film sehen　　街へ行って映画を見る
nach Deutschland fahren und an einem Deutschkurs teilnehmen
　　　　　　　　　　　　　　　　　　　　　　ドイツへ行ってドイツ語の講習に出席する
mit meinem Freund / meiner Freundin telefonieren　　カレシ／カノジョと電話で話す
zu Hause bleiben und fernsehen　　家にいてテレビを見る
durch Europa reisen und viele Museen besichtigen　　ヨーロッパ旅行をして多くの美術館を見学する

Spiel　クロスワードパズルを完成させよう。

①　　　　　G E S C H L A F E N
②
③
④
⑤
⑥
⑦
⑧
⑨
⑩
⑪
⑫

① Wie lange hast du gestern <u>geschlafen</u>?
② Nana ist heute pünktlich _____.
③ Wir sind im Schwimmbad _____.
④ Was hast du gestern _____?
⑤ Haben Sie das Buch schon _____?
⑥ Hast du den Brief schon _____?
⑦ Ich habe im Kaufhaus den Rock _____.
⑧ Nana hat die Fahrschule _____.
⑨ Daniel hat den Motor selber _____.
⑩ Wir haben Fußball _____.
⑪ Daniel ist sehr früh _____.
⑫ Nana hat an einem Seminar _____.

> aufstehen　besuchen　kaufen　kommen　lesen　machen
> reparieren　schlafen　schreiben　schwimmen　spielen　teilnehmen

Übung 7

_____には haben または sein を現在人称変化させて入れ，_____には（　）内の動詞を過去分詞にして入れよう。

① Ich _____ einen Brief von meinem Onkel _____ .（bekommen）
② _____ ihr mich _____ ?（verstehen）
③ Wo _____ Sie _____ ?（studieren）
④ Eine Frau _____ dich _____ .（anrufen）
⑤ Herr und Frau Fischer _____ gestern nicht _____ .（zurückkommen）
⑥ _____ der Bus schon _____ ?（abfahren）

 Hören　CD を聴いて，正しいものをひとつ選ぼう。

① a. Fritz ist am Wochenende ins Restaurant gegangen, aber Paula ist zu Hause geblieben.
　b. Paula und Fritz sind am Wochenende zu Hause geblieben und haben zusammen japanisch gegessen.
　c. Paula und Fritz sind am Wochenende zusammen ins Restaurant gegangen.
② a. Nana ist heute und gestern zu spät gekommen.
　b. Nana ist nur heute zu spät gekommen.
　c. Nana ist vorgestern zu spät gekommen.
③ a. Lukas ist gegen fünf Uhr dreißig ins Bett gegangen.
　b. Lukas hat etwa drei Stunden geschlafen.
　c. Lukas ist um sechs Uhr dreißig aufgestanden.

文法のまとめ

動詞の三基本形

動詞の不定詞（原形），過去基本形，過去分詞を三基本形といいます。過去基本形，過去分詞の作り方には，規則変化と不規則変化があります。

	不定詞	過去基本形	過去分詞	不定詞	過去基本形	過去分詞
規則変化	mach**en**	mach**te**	**ge**mach**t**	arbeit**en**	arbeit**ete**	**ge**arbeit**et**
不規則変化	gehen	ging	gegangen	essen	aß	gegessen

→ 不規則変化動詞の過去基本形，過去分詞は，辞書または巻末の変化表で確認しよう！

現在完了

ドイツ語では過去のできごとを語るとき，おもに現在完了を用います。

現在完了 ＝ haben / sein の現在人称変化＋過去分詞（文末）

Ich **habe** fast jeden Tag Tennis **gespielt**. 　　　私はほぼ毎日テニスをしました。
Am Wochenende **sind** wir ins Kino **gegangen**. 　週末に私たちは映画に行きました。

過去分詞になる動詞によって haben を用いるか，sein を用いるかが決まっています。多くの動詞は haben を用います（＝ haben 支配）が，4格の目的語をとらず，場所の移動や状態の変化などを表す動詞は sein を用います（＝ sein 支配）。sein 支配の動詞は辞書などでは gehen (s) または sein 支配 のように記されています。

過去分詞の特例

I. ge がつかない動詞

① be-, er-, ge-, ver-, zer- などアクセントのない前つづりをもつ動詞
besuchen → **ge**besucht 　　　　verlassen → **ge**verlassen

② -ieren で終わっている動詞
reparieren → **ge**repariert 　　　fotografieren → **ge**fotografiert

II. 分離動詞の過去分詞は，本体となる動詞の過去分詞の前に前つづりをつけます。

teilnehmen → teil**ge**nommen 　　　aufstehen → auf**ge**standen

Ich **habe** die Fahrschule **besucht**. 　　　　　私は教習所に通いました。
Daniel **hat** den Motor **repariert**. 　　　　　ダニエルはエンジンを修理しました。
Ich **habe** an einem Deutschkurs **teilgenommen**. 　私はドイツ語講習に参加しました。

Lektion 7　Wo warst du denn gestern Abend?

Skizze 1

ダニエルはナナと会う約束に遅刻しそうで慌てています。
Daniel ist mit Nana verabredet, aber er kommt zu spät.

Daniel	: Entschuldigung! Gibt es hier in der Nähe eine Telefonzelle*?
Eine Frau	: Eine Telefonzelle? Moment.* Ah, vor der Bank gibt es eine.*
Daniel	: Danke schön!
Eine Frau	: Ist etwas passiert*?
Daniel	: Na ja, ich habe um drei eine Verabredung* mit meiner Freundin. Aber es ist schon halb vier. Deshalb möchte ich sie anrufen.
Eine Frau	: Haben Sie kein Handy?
Daniel	: Doch. Aber ich habe mein Handy irgendwo* vergessen.* Ich habe es auf den Tisch gelegt. Aber ... Wo ist mein Handy?
Eine Frau	: Keine Panik!*

---

e Telefonzelle　電話ボックス　　Moment.　ちょっと待ってください。　　eine = eine Telefonzelle
passieren　起こる　　e Verabredung　会う約束　　irgendwo　どこかに
vergessen　［置き］忘れる　　Keine Panik!　落ち着いてください！

　前置詞（2）

3・4格支配の前置詞：位置を表すときには3格をとり，移動の方向を表すときには4格をとる前置詞です。

Ich habe mein Handy auf den Tisch gelegt. 　私は自分のケータイをテーブルの上に置いた。（＝移動の方向）
Vor der Bank gibt es eine Telefonzelle. 　銀行の前に電話ボックスがある。（＝位置）

Übung 1　例にならって，ドイツ語で表現しよう。

　　s Handy / auf / r Tisch / legen 　　　　ケータイ／テーブル
　○　Wo ist mein Handy? 　　　　　　　　　私のケータイはどこにある？
　●　Ich weiß nicht. 　　　　　　　　　　　　知らない。
　○　Ich habe es auf den Tisch gelegt. 　　　私はそれをテーブルの上に置いた。
　　　Aber es ist nicht auf dem Tisch. 　　　でも，テーブルの上にはない。

① e Brille / auf / s Bett / legen　　　　　　めがね／ベッド
② r Schlüssel / in / e Tasche / stecken　　鍵／カバン
③ s Wörterbuch / neben / r Computer / stellen　　辞書／コンピュータ
④ r Regenschirm / an / e Tür / stellen　　傘／ドア

Übung 2　下線部を入れかえて，ドイツ語で表現しよう．

in den Stadtpark gehen / ein Sonnenbad nehmen　市立公園へ行く／日光浴をする

- ○ Ich bin gestern <u>in den Stadtpark</u> gegangen.　私は昨日市立公園へ行った。
- ● Was hast du <u>im Stadtpark</u> gemacht?　市立公園で何をしたの？
- ○ <u>Im Stadtpark</u> habe ich ein Sonnenbad genommen.　市立公園で日光浴をした。

① in die Bibliothek gehen / Bücher lesen　図書館へ行く／本を読む
② auf den Berg steigen / fotografieren　山に登る／写真を撮る
③ an den See fahren / Camping machen　湖へ行く／キャンプをする
④ ins Lokal gehen / Bier trinken　居酒屋へ行く／ビールを飲む

> **メモ**　「～がある」という表現には es gibt ...^{4} を用います。

Übung 3　下線部を入れかえて，ドイツ語で表現しよう．

e Telefonzelle / vor / e Bank　電話ボックス／銀行

- ○ Entschuldigung!　すみません。
  Gibt es hier in der Nähe <u>eine Telefonzelle</u>?　この近くに電話ボックスはありますか？
- ● <u>Eine Telefonzelle</u>?　電話ボックスですか？
  <u>Vor der Bank</u> gibt es <u>eine</u>.*　銀行の前にあります。

＊ 中性の不定冠詞 ein の次にくる名詞が省略されるときは eins となります。

① r Supermarkt / neben / e Post　スーパー／郵便局
② e Toilette / in / s Rathaus　トイレ／市庁舎
③ s Restaurant / hinter / r Bahnhof　レストラン／駅

Hören　フリッツが時計を探しています。時計はどこにあるでしょう。

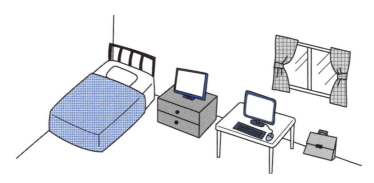

Skizze 2

ダニエルは1時間遅れましたが，ナナは待っていてくれました。
Daniel ist eine Stunde zu spät gekommen, aber Nana ist noch da.

Nana　　: Wo warst du denn? Ich habe hier eine Stunde* auf dich gewartet.*
Daniel　: Tut mir leid.
Nana　　: Warum bist du zu spät gekommen?
Daniel　: Es gibt viele Gründe.* Ich hatte Kopfschmerzen* und ...
Nana　　: Konntest du mich nicht anrufen?
Daniel　: Nein, ich wollte dich anrufen. Aber mein Handy war weg.* Ich habe eine Telefonzelle
　　　　　 gefunden, aber ich hatte kein Kleingeld* dabei.*
Nana　　: Wirklich? Du hast sicher* die Verabredung vergessen.
Daniel　: Nein, nein. Sei nicht so böse* mit mir!

e Stunde 時間	auf ...⁴ warten ～を待つ	r Grund 理由	Kopfschmerzen Pl. 頭痛
weg なくなって	dabeihaben 持ち合わせている		s Kleingeld 小銭
sicher きっと	mit ...³ böse ～に腹を立てた		

過去時制

過去のできごとを語るとき，sein, haben, 話法の助動詞（können, müssen, wollen など）は，おもに過去時制を用います。過去時制では，過去基本形に主語に応じた人称語尾をつけます。

過去基本形　　： sein → war　　haben → hatte　　können → konnte
過去人称変化： ich　war / hatte / konnte　　　　er/sie/es　war / hatte / konnte
　　　　　　　　 du　　war**st** / hatte**st** / konnte**st**

Übung 4

待ち合わせに遅れたとき，ナナみたいに待っていてくれるとは限りません。例にならって表現しよう。

gestern Abend / ich / Kopfschmerzen haben　　頭痛がする

○ Wo warst du denn <u>gestern Abend</u>? Ich habe eine Stunde auf dich gewartet.
● Tut mir leid.
○ Warum konntest du nicht kommen?
● <u>Gestern Abend</u> <u>hatte</u> <u>ich</u> <u>Kopfschmerzen</u>.
○ Wirklich? Du hast sicher die Verabredung vergessen.
● Nein, nein. Sei nicht so böse mit mir!

① heute Vormittag / ich / Fieber haben　　　　　　　　　　熱がある
② gestern Nachmittag / ich / sehr müde sein　　　　　　　とても疲れている
③ am Sonntag / mein Auto / kaputt sein　　　　　　　　　 壊れている
④ vor drei Tagen / der Zug / zwei Stunden Verspätung haben　2時間遅れる
⑤ vorgestern / ich / Besuch haben　　　　　　　　　　　　客が来ている

Übung 5　例にならってドイツ語で表現しよう。

Nana　jetzt: können / gut Deutsch sprechen
　　　　vor einem Jahr: müssen / fleißig Deutsch lernen

　　Jetzt kann Nana gut Deutsch sprechen.　　今ナナは上手にドイツ語を話すことができる。
　　Aber vor einem Jahr musste sie fleißig Deutsch lernen.
　　でも一年前は彼女は一生懸命ドイツ語を勉強しなければならなかった。

① Paula und Fritz　jetzt: können / lange schlafen　　　　長く眠る
　　　　　　　　　letztes Jahr: müssen / früh aufstehen　早く起きなければならない
② Nana　　　　　　jetzt: wollen / Musikerin werden　　　ミュージシャンになりたい
　　　　　　　　　früher: wollen / Ärztin werden　　　　医師になりたい

Übung 6　あなたは昔と今とでどう変わった？　Übung 5 にならってドイツ語で表現しよう。

Übung 7　下線部に（　　）内の動詞・助動詞を過去人称変化させて入れよう。

① ○ _____ du gestern Abend in der Uni?　(sein)
　 ● Nein, ich _____ nicht in der Uni.　(sein)
　 ○ Du _____ Glück.* Der Unterricht ist ausgefallen.　(haben)

② Letzte Woche _____ meine Mutter krank.　(sein)
　 Sie _____ im Bett bleiben.　(müssen)
　 Deshalb _____ wir Hausarbeit machen und _____ nicht
　 kommen.　　　　　　　　　　　　　　　　　　　　(müssen / können)

③ ○ Wie _____ das Wochenende?　(sein)
　 ● Na ja, ich _____ Pech.* Ich _____ erkältet.
　 　　　　　　　　　　　　　　　　　　　　　　　　(haben / sein)
　 ○ _____ Sie Fieber?　(haben)
　 ● Nein, aber ich _____ Kopfschmerzen.　(haben)

④ Am Sonntag _____ Monika mit mir ins Kino gehen.　(wollen)
　 Aber ich _____ keine Lust.　(haben)

⑤ Vor zwei Jahren _____ Frau und Herr Müller einen Autounfall.
　　　　　　　　　　　　　　　　　　　　　　　　　　　　　(haben)

　　* Glück haben　運がいい　　Pech haben　運が悪い

Spiel ヘンゼルとグレーテル（Hänsel und Gretel）の一節です。正しい順に並べかえ，ふさわしいイラストを選ぼう。

A.
Die Kinder kamen zu einem Haus. Das Haus war aus Brot und Kuchen. Sie hatten großen Hunger. Deshalb wollten sie das Haus essen.

B.
Vor einem großen Wald* wohnte ein Mann mit seiner Frau. Sie hatten einen Jungen und ein Mädchen. Aber sie waren sehr arm und hatten nicht genug Essen.

* vor einem großen Wald　大きな森のはずれに

C.
Sie ließen nochmals die Kinder im Wald. Diesmal konnten die Kinder den Heimweg nicht finden. Sie wanderten lange im Wald.

D.
Sie führten die Kinder in den Wald und ließen sie dort. Aber die Kinder konnten den Heimweg finden. Der Vater war sehr froh und die Mutter wollte ihren Plan durchsetzen.

E.
Die Frau sagte zu ihrem Mann: „Du sollst die Kinder im Wald lassen. Sonst sterben wir vor Hunger.*" Der Mann wollte ihr nicht zustimmen, aber er musste schließlich ja sagen.

* vor Hunger　空腹のあまり

	A	B	C	D	E
順番		1			
イラスト		①			

> **メモ**　物語など文章で過去のできごとを叙述するときには，おもに過去時制を用います。

文法のまとめ

前置詞（2）

前置詞の中には，場所を表すときには3格をとり，移動の方向を表すときには4格をとるものがあります。これを3・4格支配の前置詞といいます。

an ～に接して	auf ～の上	hinter ～の後ろ	in ～の中	neben ～の隣
über ～の上方	unter ～の下	vor ～の前	zwischen ～の間	

Ich habe mein Handy **auf den Tisch** gelegt.
　　　　　　　　　　　　　　　私は自分のケータイをテーブルの上に置いた（＝移動の方向）。

Mein Handy ist **auf dem Tisch**. 私のケータイはテーブルの上にある（＝場所）。

☆ 前置詞は定冠詞と融合して1語になることがあります（＝前置詞と定冠詞の融合形）。

am ← an + dem	ans ← an + das	im ← in + dem	ins ← in + das
zum ← zu + dem	zur ← zu + der	など	

Heute gehen wir **ins Kino**. 今日私たちは映画に行きます。
Wie komme ich **zur Bank**? 銀行へはどう行くのですか。

過去時制

Ⅰ. 動詞・助動詞を過去人称変化させるには，過去基本形に主語に応じた一定の人称語尾をつけます。

→ Tabelle ID

過去基本形の作り方には，規則変化と不規則変化があります。
　規則変化　：mach**en** → mach**te**　　kauf**en** → kauf**te**　　arbeit**en** → arbeit**ete**
　不規則変化：辞書または巻末の変化表で調べよう。

Wo **warst** du denn gestern Abend? 昨晩、あなたはどこにいたの？
Ich **wollte** dich anrufen. 私はあなたに電話するつもりだった。

Ⅱ. 過去時制の用法
① 現在完了が過去のできごとを現在と関連づけて語る時制であるのに対し，過去時制には過去のできごとを現在から切り離して語るというニュアンスがあります。
② 日常会話で過去のできごとを語るときには現在完了が用いられることが多く，文章で過去のできごとを叙述するときにはふつうは過去時制が用いられます。
③ ただし日常会話でも，sein, haben, 話法の助動詞などには過去時制が用いられる傾向があります。

Lektion 8   Ich freue mich sehr, wenn du nach Japan kommst.

Skizze 1

ナナは熱があるようです。Nana hat Fieber.

Daniel : Nana, du hast Fieber. 38 Grad!
Was ist denn los mit dir? Morgen spielst du im Konzert, oder?

Nana : Ja, deswegen habe ich gestern bis spät in der Uni geübt.
Ich bin sehr spät nach Hause gekommen.

Daniel : Es hat geschneit, nicht wahr?*

Nana : Ja. Ich habe vergessen, meinen Regenschirm mitzunehmen.
Ich habe mich sicher erkältet. Ich fühle mich nicht wohl.
Morgen kann ich nicht spielen.

Daniel : Das geht nicht. Es ist doch dein Wunsch,* im Konzert zu spielen.
Ich freue mich auch auf dein Spiel. Ich koche Suppe für dich.

Nana : Du kochst Suppe für mich?!

Daniel : Ja, warum nicht? Ich koche gern.
Meine Suppe wirkt* gut gegen Fieber.

Nana : Danke, Daniel. Sehr nett von dir.

---
nicht wahr?　だよね？　　r Wunsch　望み　　wirken　効き目がある

再帰代名詞と再帰動詞

	ich	du	er/sie/es	wir	ihr	sie	Sie
3格	mir	dir	sich	uns	euch	sich	sich
4格	mich	dich	sich	uns	euch	sich	sich

再帰動詞は特定の前置詞と結びつくことがあります。

sich^4 auf ...^{4} freuen　〜を楽しみにしている
　Ich freue mich auch auf dein Spiel.　僕も君の演奏を楽しみにしているよ。

Übung 1　下線部にふさわしい再帰代名詞を入れよう。

① Interessierst du _____ für Kunst?
② Nana hat _____ erkältet.
③ Wir freuen _____ auf die Reise.
④ Daniel erinnert _____ an die Fahrt mit Nana im Sommer.
⑤ Ihr müsst _____ beeilen.
⑥ Setzen Sie _____ bitte auf den Stuhl!

48　achtundvierzig

Übung 2　答えてみよう。

> Worauf freust du dich?
> 何を楽しみにしているの？

> Ich freue mich auf die Ferien.
> 休暇が楽しみなの。

① Worauf freust du dich?
② Wofür interessierst du dich?
③ Erinnerst du dich an deine Kindheit?
④ Ärgerst du dich oft?
⑤ Fühlst du dich wohl?

メモ　前置詞＋was は，wo[r]＋前置詞の形になる。
→ 巻末 77 頁参照

Übung 3　寝坊しちゃった！　例にならってドイツ語で表現しよう。

sich³ das Gesicht waschen / schnell → Ich wasche mir schnell das Gesicht.
　　自分の顔を洗う　　　　　　　　急いで　　　私は顔を急いで洗います。

① sich³ die Zähne putzen / hastig
　　自分の歯を磨く　　　　あわてて
② sich⁴ anziehen / sehr schnell
　　服を着る　　　　大急ぎで
③ sich⁴ kämmen / laufend
　　髪をとかす　　　歩きながら
④ sich⁴ schminken / im Zug
　　メイクする　　　列車の中で

Und ich setze mich pünktlich in den Hörsaal!
　そして私は時間どおりに大教室（の座席）にすわります。

istockphoto.com/©thelinke

zu 不定詞句

不定詞の前に zu がつき，他の語句と結びついて zu 不定詞句となります。名詞的，形容詞的に用いられます。zu 不定詞は，zu 不定詞句の末尾に置きます。

  Es ist dein Wunsch, im Konzert zu spielen.
   コンサートで演奏するのが君の望みです。
  Hast du Lust, ins Kino zu gehen?
   映画に行く気はある？

メモ
分離動詞の場合，zu 不定詞は前つづりと本体の間に入れ，全体を一語として書きます。

Übung 4 （　）内の語句を zu 不定詞にして文を完成させよう。

① Ich habe vor, (in den Ferien / nach Italien / fahren).
② Er hat keine Lust, (mit ihr / ins Kino / gehen).
③ Nana ist nach Deutschland gekommen, (um / Musik / studieren)*
④ Ich habe* heute (viel / tun).
⑤ Es ist verboten, (hier / parken).

     * um + zu ...　〜するために　　haben + zu ...　〜しなければならない

Übung 5 （　）内を zu 不定詞にして文を完成させよう。

▶ ダニエルの計画

Daniel hat sich lange darauf vorbereitet, (am Wochenende eine Party geben), (um Nanas* Geburtstag feiern). Er hat schon Freunde eingeladen. Paula hat für die Party gekocht. Daniel wollte Nana überraschen. Er hat ihr nichts von der Party gesagt. Als Geschenk hat er einen Schal gekauft. Der Schal ist braun. Er steht ihr sicher gut. Daniel hat aber vergessen, (einen Kuchen kaufen). Er hat keine Zeit mehr, (einkaufen gehen).
Was soll er machen?

     * Nanas　ナナの

▶ ナナの計画

Heute hat Nana Geburtstag. In Deutschland ist es üblich, (am Geburtstag Freunde einladen). Komischerweise hat sich Daniel in den letzten Tagen* nicht gemeldet. Nana will ihn zum Geburtstag einladen. Sie hat heute selber einen Kuchen gebacken. Nun hat sie sich entschlossen, (Daniel anrufen).

     * in den letzten Tagen　この数日のあいだ

Skizze 2

ナナは大学のコンサートに出演することができました。Nach dem Konzert.

Daniel : Das Konzert war wunderbar! Du hast wirklich sehr gut gespielt.
Nana : Oh, schöne Blumen! Danke, Daniel! Ich freue mich sehr, dass ich heute spielen konnte. Deine Suppe hat mir Kraft gegeben.
Daniel : Ja, siehst du? Liebe ist der beste Koch!*
Nana : Stimmt. Du hast recht.
Daniel : Ich habe eine gute Nachricht.* Ich habe heute einen Brief aus Tokyo bekommen. Wenn ich will, kann ich in Tokyo arbeiten.
Nana : Wirklich? Dann kommst du nach Japan?!
Daniel : Ja! Ich weiß noch nicht genau, wie lange ich in Japan arbeite. Aber den Vertrag* schließe ich bald ab.
Nana : Ich freue mich sehr, wenn du nach Japan kommst.

Liebe ist der beste Koch. = Hunger ist der beste Koch. 「空腹にまずいものなし（空腹は最もよいコックである）」をもじった表現　　e Nachricht　ニュース　　r Vertrag　契約

従属の接続詞と副文

従属の接続詞は副文を導く接続詞です。副文では定動詞は文末に置かれます。主文と副文との間にはコンマを入れます。

　　dass　〜ということ　　wenn　もし〜ならば

　　Ich freue mich sehr, **dass** ich heute spielen **konnte**.
　　　　　　　　　　　　　　　　　　　　　今日演奏できたことを私はとてもうれしく思います。

　　Ich freue mich sehr, **wenn** du nach Japan **kommst**.
　　　　　　　　　　　　　　　　　　　　　あなたが日本に来たら，私はとてもうれしいわ。

副文が文頭にくると，副文の直後に主文の定動詞が置かれます。

　　Wenn ich will, **kann** ich in Tokyo arbeiten.　僕がそうしたければ，東京で働くことができるんだ。

Übung 6　下線部に適切な従属の接続詞を下から選んで入れ，（　　）内を適切な形にして正しい語順に並べよう。

① Daniel möchte eine Party machen, ＿＿＿＿＿ (Nana / Geburtstag / haben).
② Paula geht ins Fitnessstudio, ＿＿＿＿＿ (sie / zu viel / gegessen haben).
③ Nana hofft, ＿＿＿＿＿ (Daniel / nach Japan / kommen).
④ ＿＿＿＿＿ (ich / noch ein Kind / sein), haben wir in Berlin gewohnt.

　　　　　　　　als / dass / weil / wenn

> **メモ**
> 疑問詞のある疑問文が副文になるときは，疑問詞が従属の接続詞として用いられます。
> 疑問詞のない疑問文が副文になるときは，従属の接続詞 **ob** が用いられます。
> Ich weiß nicht, **wann** er kommt.　彼がいつ来るのか私は知らない。
> Ich weiß nicht, **ob** er kommt.　彼が来るのかどうか私は知らない。

Übung 7　疑問詞または ob を入れてふたつの文をつなげよう。

Weißt du? / Sind die Geschäfte in Deutschland sonntags geöffnet?
　知ってる？　　ドイツではお店は日曜日に開いてるの？

→ Weißt du, ob die Geschäfte in Deutschland sonntags geöffnet sind?
　　ドイツではお店は日曜日に開いているかどうか知ってる？

① Weißt du? / Ist er heute zu Hause?
② Ich weiß nicht. / Wie lange dauert die Prüfung?
③ Wissen Sie? / Kommt Frau Berg morgen zurück?
④ Sag mir bitte! / Wann beginnen die Winterferien?
⑤ Können Sie mir sagen? / Wie viel Uhr ist es?

 Lesen　再帰動詞，zu 不定詞句，副文に気をつけて，次の文章を読もう。

Leo hat viel zu tun. Er spielt fast jeden Tag Fußball. Es ist sein Wunsch, Fußballprofi zu werden. Um seinen Wunsch zu erfüllen, muss er fleißig trainieren. Er dribbelt ziemlich gut, aber es ist für ihn noch nicht leicht, einen guten Pass zu spielen. Er freut sich sehr, wenn er ein Tor schießt. Selbstverständlich sieht er auch gern Fußballspiele im Fernsehen. Er sitzt immer vor dem Fernseher, wenn sein Lieblingsteam FC Bayern München* spielt. Er will mit Freunden die Spiele live erleben, aber seine Eltern erlauben ihm nicht, ohne Erwachsene ins Stadion zu gehen.

Leo interessiert sich auch für Japan, weil er gern Comics liest. Er sieht auch gern japanische Zeichentrickfilme. Als er vor kurzem* mit seinem Vater ins Kino ging, sah er „Detektiv Conan". Der Film war echt cool! Leo erinnert sich noch an viele Szenen. Sein Traum ist, einmal nach Japan zu reisen. Seine Tante Paula hat ihm gesagt, dass sie eine japanische Freundin hat. Paula hat ihm sogar versprochen, sie ihm vorzustellen. Leo freut sich sehr, dass er mit ihr sprechen kann.

　　*FC Bayern München　FC バイエルン・ミュンヘン（ドイツのサッカーチーム）　　**vor kurzem**　少し前に

> **メモ**
> ・und, aber, sondern, denn といった並列の接続詞は，定動詞の位置に影響を与えません。
> ・also, dann, deshalb, so など，接続詞的に用いられる副詞もあります。

文法のまとめ

■ 再帰代名詞と再帰動詞

主語と同一の物や人を表す3格，4格の代名詞を再帰代名詞といい，再帰代名詞と結びついてひとつの意味・概念を表す動詞を再帰動詞といいます。

	ich	du	er/sie/es	wir	ihr	sie	Sie
3格	mir	dir	sich	uns	euch	sich	sich
4格	mich	dich	sich	uns	euch	sich	sich

おもな再帰動詞

$sich^4$ für ...^{4} interessieren　〜に興味がある
　　Ich interessiere mich für Kochen.　　私は料理に興味がある。

$sich^4$ über ...^{4} freuen　〜を喜ぶ
　　Ich freue mich über dein Essen.　　私は君の料理がうれしい。

$sich^4$ auf ...^{4} freuen　〜を楽しみにしている
　　Ich freue mich auf die Ferien.　　私は休暇を楽しみにしている。

$sich^4$ an ...^{4} erinnern　〜を思い出す，覚えている
　　Ich erinnere mich an meine Kindheit.　　私は子どもの頃を覚えている。

■ zu 不定詞句

不定詞の前に zu をつけたものを zu 不定詞といいます。他の語句と結びついて zu 不定詞句になります。zu 不定詞句には以下のような用法があります。

・名詞的用法（主語や目的語になる）
　　Es ist dein Wunsch, im Konzert **zu spielen**.　コンサートで演奏するのが君の望みだろ。

・形容詞的用法（名詞の内容を説明する）
　　Ich habe keine Zeit, ins Kino **zu gehen**.　　私は映画に行く時間がない。

・um + zu ...「〜するために」
　　Nana ist nach Deutschland gekommen, **um** Musik **zu studieren**.
　　ナナは音楽を勉強するためにドイツへ来た。

・haben + zu ...「〜しなければならない」
　　Ich **habe** viel **zu tun**.　私はしなければならないことがたくさんある。

■ 従属の接続詞と副文

従属の接続詞は副文を導く接続詞です。

　als　〜したとき（過去時制と共に）　　bevor　〜する前に　　dass　〜ということ
　ob　〜かどうか　　weil　なぜなら　　wenn　〜するとき，もし〜ならば

副文中の定動詞は副文の末尾に置かれます。主文と副文との間にコンマを入れます。
副文が文頭にくると，副文の直後につづく主文の主語と定動詞は倒置されます。

　　Als ich in Deutschland **war**, **fiel** die Berliner Mauer.　私がドイツにいたとき，ベルリンの壁が崩壊した。

副文中の定動詞が分離動詞のときは，前つづりを動詞の本体とつなげて一語として書きます。

　　Wann kommt er heute zurück?　　彼は今日何時に帰って来るの？
　　Ich weiß nicht, wann er heute **zurückkommt**.　彼が今日何時に帰ってくるのか，私は知らない。

Lektion 9　Mein Fahrrad ist kaputt.

Skizze 1

ナナの自転車が壊れました。Nanas Fahrrad ist kaputt gegangen.

Mechaniker	: Guten Tag! Kann ich Ihnen helfen?
Nana	: Guten Tag! Mein Fahrrad ist kaputt.
Mechaniker	: Oh, was ist passiert? Hatten Sie einen Unfall?
Nana	: Ich bin sehr schnell mit dem Fahrrad gefahren. Ich hatte fast* einen Unfall.
Mechaniker	: Das tut mir sehr leid, zuerst wird das Fahrrad gut geprüft* und dann repariert. Danach wird es geputzt.* Das Fahrrad wird wieder völlig neu!
Nana	: Wirklich? Toll! Wie lange dauert es ungefähr?
Mechaniker	: Sie können es nächste Woche abholen.
Nana	: Prima! Bis wann ist die Werkstatt geöffnet?
Mechaniker	: Wir sind jeden Tag bis 19 Uhr geöffnet.
Nana	: Alles klar! Dann komme ich nächste Woche wieder.
Mechaniker	: Auf Wiedersehen!

fast　すんでのところで　　prüfen　点検する　　putzen　みがく

受動文

werden を受動の助動詞として用い，過去分詞を文末に置きます。
　　Das Fahrrad wird von ihm repariert.　その自転車は彼によって修理される。
　　* 動作の主体（「～によって」）は von ...^{3} によって表されます。
能動文の４格目的語が受動文の主語になります。
　　Er repariert **das Fahrrad**. → **Das Fahrrad** wird von ihm repariert.
　　　　彼はその自転車を修理する。

Übung 1　＿＿＿には werden を現在人称変化させ，＿＿＿には（　）内の動詞を過去分詞にして入れよう。

① Der Schüler ＿＿＿ von dem Lehrer ＿＿＿.（ loben ）
② Die Erzählungen von Kafka ＿＿＿ viel ＿＿＿.（ lesen ）
③ Deutsch ＿＿＿ auch in Österreich und in der Schweiz ＿＿＿.（ sprechen ）
④ Die Fragen des Umweltschutzes* ＿＿＿ heute heftig ＿＿＿.（ diskutieren ）
⑤ Er ＿＿＿ ins Krankenhaus ＿＿＿.（ mitbringen ）

＊ 2格 → 巻末 76 頁参照

Übung 2   家事が山積みになっています。どんどん片づけましょう。例にならって受動文にしよう。

das Zimmer / aufräumen   部屋を片づける
→ Das Zimmer wird aufgeräumt.   部屋は片づけられる

① die Wäsche / waschen   洗濯ものを洗う
② die Wäsche / bügeln   洗濯ものにアイロンをかける
③ das Geschirr / abspülen   食器を洗う
④ der Müll / wegbringen   ゴミを出す
⑤ die Pflanzen / gießen   植物に水をやる

> **メモ**
> werden の代わりに sein が用いられると，「～されている」という状態を表します。
> これを状態受動といいます。
>   Die Werkstatt **ist** jeden Tag bis 19 Uhr **geöffnet**.
>   その修理工場は毎日19時まで開いている。

Übung 3   家事がすべて片づきました！ Übung 2 の単語を使って，状態受動で表現しよう。

○ Wann wird das Zimmer endlich aufgeräumt?   部屋はいつになったら片づけられるの？
● Das Zimmer ist schon aufgeräumt.   部屋はもう片づいてるよ。

Übung 4   何時に開きますか？ 何時に閉まりますか？ 例にならって尋ねよう。

○ Was? Ist die Buchhandlung schon geschlossen?   なんですって？ 本屋はもう閉まってるの？
● Die Buchhandlung ist von Montag bis Freitag von 10 bis 21 Uhr geöffnet.   本屋は月曜日から金曜日までは10時から21時まで開いています。
   Samstags ist sie bis 18 Uhr geöffnet.   （本屋は）土曜日は18時まで開いています。

① der Supermarkt   von Montag bis Freitag / von 10 bis 19 Uhr
samstags / von 10 bis 18 Uhr
sonn- und feiertags / geschlossen

② das Museum   von Dienstag bis Sonntag / von 9 bis 17 Uhr
montags / geschlossen

Übung 5　次の能動文を受動文に書きかえよう。

① Wir holen den Koffer ab.
② Die Sekretärin bereitet Besprechungen vor.
③ Die Hausfrau nimmt die Wäsche aus der Waschmaschine heraus.
④ Der Vater bringt das Kind zum Kindergarten und die Mutter holt es ab.

Übung 6　ベルリンを紹介する文です。＿＿に werden を適切な形に変化させて入れよう。また，[　]に，(　)内の動詞を変化させて入れよう。

Berlin ist eine schöne Stadt.　ベルリンは美しい街だ。

① Berlin ＿＿＿ von vielen Touristen [　　　]. (besuchen)
多くの観光客がベルリンを訪れる。

② Berlin ＿＿＿ durch Bomben [　　　]. (zerstören)
ベルリンは爆撃によって破壊された。

③ In dem ehemaligen Ost–Berlin ＿＿＿ neue Gebäude [　　　].
旧東ベルリンでは新しい建物が建てられた。　　　　　　　　　(bauen)

④ Alte Gebäude ＿＿＿ [　　　]. (restaurieren)
古い建物は修復された。

Paulas Rezept

Zwiebelkuchen

Zutaten:

Teig: 500 g Mehl　2 Eier　125 ㎖ lauwarme Milch　30 g Hefe　2 Esslöffel Öl　Salz

Hefe wird mit Milch verrührt und dann mit den restlichen Zutaten gut vermengt.
Danach wird der Teig zugedeckt etwa 1 Stunde an einen warmen Ort liegen gelassen.

2 kg Zwiebeln　150 g Speck　250 ㎖ süße Sahne　250 ㎖ saure Sahne
5 Eier　40 g Mehl　80 g Butter　Salz　Pfeffer　Kümmel　Muskatnuss

Zwiebeln werden in Butter glasig gedünstet, Speck wird in der Pfanne knusprig angebraten.
Beide werden mit den restlichen Zutaten gut vermengt und gewürzt.
Hefeteig wird ausgerollt und auf gebuttertes Blech gelegt.
Zwiebeln werden darauf gegeben.
Der Teig wird mit Kümmel bestreut und etwa 1
Stunde bei 200 °C im Backofen hellbraun gebacken.

Guten Appetit!

istockphoto.com/©HeikeKampe

Skizze 2

パウラが得意の料理でもてなしています。Paula lädt Nana und Daniel ein.

Nana　　：Dein Zwiebelkuchen schmeckt mir sehr, Paula.
Paula　　：Wirklich? Danke, das freut mich sehr!
Daniel　 ：Ja, wirklich. Dein Zwiebelkuchen schmeckt mir am besten!
Nana　　：Du kochst viel besser als ich.
Paula　　：Danke! Ist dein Fahrrad wieder in Ordnug,* Nana?
Nana　　：Ja, es ist sogar schöner geworden.
Paula　　：Das ist gut. Übrigens, du fliegst bald nach Japan, oder?
Nana　　：Ja, schade. Die Zeit geht so schnell vorbei.
Daniel　 ：Ich habe vor, später in Japan zu arbeiten.
Paula　　：Wirklich? Das finde ich gut.

in Ordnug sein　支障がない，正常である

形容詞の用法

形容詞にはおもに以下の3通りの用法があります。
① sein などの動詞と結びついて（＝述語的用法）
　Das Baby ist sehr **süß**.　その赤ちゃんはとてもかわいい。
②副詞として（＝副詞的用法）
　Das Baby lächelt sehr **süß**.　その赤ちゃんはとてもかわいらしく微笑む。
③次にくる名詞を修飾して（＝付加語的用法）→　形容詞は格変化します
　Das **süße** Baby ist meine Tochter.　そのかわいい赤ちゃんは私の娘です。

　　形容詞が付加語的に用いられるときには，修飾する名詞の性・数・格に応じて語尾が変化します。→ Tabelle IV

Übung 7　形容詞を適切な形に変化させよう。

① Da ist ein neu＿＿＿ Computer.
② Ich kaufe den neu＿＿＿ Computer.
③ Diese blau＿＿＿ Tasche gehört meiner Mutter.
④ Da ist ein neu＿＿＿ Auto.
⑤ Nana trinkt jeden Abend warm＿＿＿ Milch.
⑥ Daniel trinkt gern kalt＿＿＿ Bier.
⑦ Paula sucht frisch＿＿＿ Erdbeeren.

> **メモ**　形容詞・副詞の比較級は原級に -er，最上級は -st（副詞の場合は am -sten）をつけます。
> Dein Zwiebelkuchen schmeckt mir am besten.　君のオニオンキッシュが僕には一番おいしいよ。
> Du kochst viel besser als ich.　あなたは私より料理が上手ね。

Übung 8 （　　）内の形容詞を比較級または最上級にして下線部に入れよう。

① Ist Daniel _____ als Fritz?（alt）
② ○ Ich finde den Film _____ als den Roman.（interessant）
　● Ja, das finde ich auch.
③ ○ Wein schmeckt mir _____ als Bier.（gut）
　● Ach, so? Mir schmeckt Bier am _____.（gut）
④ ○ Hat Tokyo _____ Einwohner als Osaka?（viel）
　● Ja, Tokyo ist die _____ Stadt in Japan.（groß）
⑤ ○ Zum Bahnhof fährst du am _____ mit dem Bus.（schnell）
　● Dann fahre ich mit dem Bus.
⑥ ○ Vor der Prüfung ist er am _____.（fleißig）
　● Stimmt. Auf jeden Fall ist er der _____ von uns.（fleißig）

 Hören　ナナとダニエルがレストランで何を注文するか考えています。CDを聴いて質問に答えよう。

① Hat Daniel Hunger?
② Was hat er bestellt, Wiener Schnitzel, Hamburger oder Wurst?
③ Hat Nana großen Hunger?
④ Trinkt Nana lieber stilles Wasser?

 Lesen　Das Deutsche Museum* in München ist das größte Technik-Museum Europas. Dort wird das erste Auto der Welt* ausgestellt. Es wurde 1885 von Carl Friedrich Benz konstruiert, dem Gründer von Mercedes-Benz. Es war ein Dreirad mit Motor,* und es fuhr langsamer als ein Fahrrad. Damals wurde das Dreirad als Sensation gefeiert. 1886 wurde es als Patent angemeldet. Das war der Beginn der Automobil-Ära.* Das hat die Welt verändert und heute kann man sich das Leben ohne Autos nicht mehr vorstellen.

＊ Das Deutsche Museum　ドイツ博物館　　das erste Auto der Welt　世界で最初の自動車
　s Dreirad mit Motor　エンジン付き三輪　　e Automobil-Ära　自動車時代

文法のまとめ

受動文

Ⅰ.「〜される」という意味の動作受動
能動文の４格目的語が受動文の主語になります。
受動の助動詞 werden が定動詞として用いられ，過去分詞が文末に置かれます。
動作主を表す場合は，主に von ＋３格を用います。

  能動文 Er repariert das Fahrrad.   彼は自転車を修理する。

 ➡ 受動文 Das Fahrrad **wird** von ihm **repariert**. 自転車は彼によって修理される。

werden が過去人称変化をすると，過去時制を表します。
     Das Fahrrad **wurde** von ihm repariert. 自転車は彼によって修理された。

Ⅱ.「〜されている」という状態を表す状態受動
werden の代わりに sein が用いられると，状態受動になります。
Die Werkstatt **ist** jeden Tag bis 19 Uhr geöffnet. 修理工場は毎日 19 時まで開いています。

比較の表現

Ⅰ. so ＋原級＋ wie：〜と同じくらい…
 Nana ist **so groß wie** Paula.   ナナはパウラと同じくらいの身長です。
 Daniel ist nicht **so groß wie** Fritz. ダニエルはフリッツほど背が高くありません。

Ⅱ. 比較級＋ als：〜より…
 Fritz ist **größer als** Daniel.   フリッツはダニエルより背が高い。
 Paula kocht **besser als** Nana. パウラはナナより料理が上手です。

Ⅲ. 定冠詞＋最上級 **e** または am ＋最上級 **en**：最も〜である
 Fritz ist **der größte** von uns. フリッツは私たちのなかで最も背が高い。
 Fritz ist **am größten** von uns.

 副詞の最上級はつねに am ＋最上級 en の形になります。
 gern － lieber － **am liebsten** gut － besser － **am besten**

 Dein Zwiebelkuchen schmeckt mir am besten.
  君のオニオンキッシュは僕には一番おいしいよ。

             → 比較級・最上級の作り方　巻末 75 頁参照

Lektion 10　Wenn ich Zeit hätte …

Skizze 1

空港で。ナナが帰国する日になりました。Auf dem Flughafen. Nana fliegt nach Japan zurück.

Nana　：Wenn ich Geld hätte, würde ich wieder in Deutschland studieren.
　　　　Wann kannst du nach Japan kommen?
Daniel：Ich weiß noch nicht. Ich muss noch einige Zeit* in Deutschland bleiben,
　　　　denn* ich habe viel zu tun.
Nana　：Schade!
Daniel：Ich fühle mich jetzt schon einsam.* Ach, wenn ich jetzt mit dir nach Japan fliegen
　　　　könnte! Wenn ich ein Supermann* wäre, könnte ich alles sofort* erledigen.*
Nana　：Du sprichst, als ob wir uns lange nicht sehen könnten.
　　　　Wir sehen uns doch bald wieder.*

| einige Zeit しばらくの間 | denn というのは〜だから | einsam 孤独な、寂しい |
| r Supermann スーパーマン | sofort ただちに | erledigen 済ます、処理する | wiedersehen 再会する |

非現実話法

「（現実には〜じゃないけど）もし〜だったら」というように非現実の仮定を表現するには，接続法2式を用います。
　　　Wenn ich Geld **hätte**, **würde** ich wieder in Deutschland **studieren**.

Übung 1　例にならって表現してみよう。

ich / Geld haben → ich / in Deutschland studieren　お金がある／ドイツに留学する
Wenn ich Geld hätte, würde ich in Deutschland studieren.
　（現実にはお金がないけど）もしお金があったら，ドイツに留学するんだけど。

① ich / Zeit haben → ich / den Film sehen　時間がある／その映画を見る
② ich / ein Vogel sein → ich / zu dir fliegen　鳥である／あなたのところに飛んで行く
③ das Wetter / schön sein → wir / einen Ausflug machen　天気がよい／小旅行に行く
④ du / Lust haben → ich / dich zum Essen einladen　その気がある／あなたにご飯をおごる

Übung 2　あなたならどうする？

① Wenn ich heute keinen Unterricht hätte, ...
② Wenn ich ein Millionär wäre, ...

メモ　仮定の部分だけを独立させて使うことも珍しくありません。
Ach! Wenn ich jetzt mit dir nach Japan fliegen könnte !

60　sechzig

> **メモ**
> 「まるで〜であるかのように」: als ob ＋接続法2式（文末）
> Du sprichst, **als ob** wir uns lange nicht sehen **könnten**.

Übung 3　ふさわしい語句を選び，als ob に続けてみよう。

① Du siehst so blass aus, als ob du ...
② Paula kocht sehr gut, als ob sie ...
③ Fritz macht ein Gesicht, als ob er ...

Köchin sein　コックである
nichts verstehen können
　何も理解することができない
krank sein　病気である

Skizze 2

ふたりの会話は続いています。Ihr Gespräch setzt sich fort.

Nana　　 : Wenn ich dich nicht kennengelernt* hätte, wäre mein Leben in Deutschland nicht so glücklich gewesen.
Daniel　 : Wir haben uns bei Paula und Fritz kennengelernt. Erinnerst du dich noch an den schönen Frühlingstag?
Nana　　 : Natürlich! An dem Tag hatte ich vor, ins Konzert zu gehen.
Daniel　 : Das wusste ich nicht. Wenn du das Konzert besucht hättest, hätten wir uns nicht kennengelernt.
Nana　　 : Ich muss schon gehen. Es wäre schön, wenn du bald nach Japan kommen könntest.
Daniel　 : Ja, das wäre schön.

kennenlernen　〜4と知り合う

> **メモ**　過去の事実に反する仮定の場合は，haben / sein の接続法2式＋過去分詞という形を用います。
> Wenn ich dich nicht **kennengelernt hätte**, **wäre** mein Leben nicht so glücklich **gewesen**.

Übung 4　「過去はふりかえるな」と言うけれど，「〜していたらなあ」「〜していなかったらなあ」と，いろいろ考えちゃうよね。例にならって表現してみよう。

　　　ich / dich nicht kennenlernen　→　mein Leben / nicht so glücklich sein
Wenn ich dich nicht kennengelernt hätte, wäre mein Leben nicht so glücklich gewesen.
　もしあなたと知り合っていなかったら，私の生活はこんなに幸せではなかったでしょう。

① ich / noch fleißiger lernen　→　ich / die Prüfung bestehen　もっと熱心に勉強する／試験に合格する
② Sie / zu spät kommen　→　Sie / keinen Platz bekommen　遅刻する／席がない
③ wir / früh auf|stehen　→　wir / den ersten Sonnenaufgang sehen　早起きする／初日の出を見る

文法のまとめ

接続法2式

I. 基本形

①規則変化　：過去基本形と同じ　machen → **machte**　kaufen → **kaufte**

②不規則変化：過去基本形＋**e**（もともとeで終わっているものを除きます）
　　　　　　過去基本形の幹母音が a, o, u のときはウムラウトします。
　　　　　　gehen → **ginge**　　sein → **wäre**　　haben → **hätte**
　　　　　　werden → **würde**　　können → **könnte**

II. 人称変化　→　Tabelle IE

III. 用法

①非現実話法：事実に反することがらを仮定して述べます。

　現在の事実に反する仮定：接続法2式単独で

　過去の事実に反する仮定：haben / sein の接続法2式＋過去分詞

　　　　　　　☆ sein / haben の使い分けは現在完了の場合と同じです。

Wenn ich ein Vogel **wäre**, | **flöge** ich zu dir.　もし私が鳥だったら，あなたのところへ飛んで行くのだが。
　　　　　　　　　　　　　 | **würde** ich zu dir **fliegen**.　（現実には鳥でないから，飛んで行かない）

☆結論部には助動詞 werden の接続法2式 würde＋不定詞（文末）というかたちが用いられることが多いです。

Wenn ich dich nicht **kennengelernt hätte**, **wäre** mein Leben nicht so glücklich **gewesen**.

もし私があなたと知り合っていなかったら，私の生活はこんなに幸せではなかったでしょう。
（現実にはあなたと知り合っていたから，幸せだった）

②外交話法：婉曲な表現や丁寧な依頼をする。

Ich | **möchte**　　| ein Bier.　ビールがほしいんですけど。
　　| **hättte gern** |　　　　　☆ möchte は mögen の接続法2式

Könnten | Sie mir bitte sagen, wie spät es ist?　何時なのか教えていただけますか？
Würden |

発展問題

 フランツ・カフカについて書かれた文章です。

Franz Kafka wurde 1883 in Prag als erster Sohn von sechs Kindern geboren. Seine Familie war jüdisch. Kafka studierte an der Universität Prag Jura. Nach dem Studium arbeitete er bei einer Versicherungsgesellschaft. Gleichzeitig schrieb er Erzählungen. Aber zu seinen Lebzeiten wurde nur ein Teil von seinen Erzählungen herausgegeben. Kafka lebte nicht so lange, denn er starb 1922 an Tuberkulose. Nach dem Tod wurden viele Erzählungen und Romane aus dem Nachlass von seinem Freund veröffentlicht. Kafka wurde erst posthum als Schriftsteller weltberühmt. „Die Verwandlung" ist die berühmteste Erzählung von Kafka. Sie wurde 1912 geschrieben. „Die Verwandlung" wird auch in Japan viel gelesen.

正しければ○を，間違っていれば×をつけよう。
① Franz Kafka wurde in Deutschland geboren. [　]
② Er hatte keine Geschwister. [　]
③ Er studierte an der Universität, die in seiner Geburtstadt lag. [　]
④ Er war zu seinen Lebzeiten nicht berühmt. [　]
⑤ Er schrieb „Die Verwandlung" kurz vor dem Tod. [　]

Die Verwandlung

Als Gregor Samsa eines Morgens aus unruhigen Träumen erwachte, fand er sich in seinem Bett zu einem ungeheuren Ungeziefer verwandelt. Er lag auf seinem panzerartig harten Rücken und sah, wenn er den Kopf ein wenig hob, seinen gewölbten braunen, von bogenförmigen Versteifungen geteilten Bauch, auf dessen Höhe sich die Bettdecke, zum gänzlichen Niedergleiten bereit, kaum noch erhalten konnte. Seine vielen, im Vergleich zu seinem sonstigen Umfang kläglich dünnen Beine flimmerten ihm hilflos vor den Augen.

 車内放送を聞いて質問に答えよう。
① Um wie viel Uhr kommt dieser Zug in Mannheim an?
② Wohin fährt der ICE 42?
③ Von welchem Gleis fährt der ICE 42 ab?
④ Wie viele Minuten haben die Leute in Mannheim, um in den ICE 42 umzusteigen?

単語を覚えよう

▌ Kleider, Schmuck　衣類・装身具

r Pullover　セーター　　　r Gürtel　ベルト　　　r Ring　指輪　　　s Taschentuch　ハンカチ
Strümpfe Pl.　ストッキング　　Ohrstecker Pl.　ピアス　　r Lippenstift　リップ，口紅
r Lidschatten　アイシャドー　　s Parfüm　香水

▌ Körperteile　体の部分

r Bart　ひげ　　　r Knochen / -　骨　　　r Körper　体　　　e Lippe / -n　唇　　　e Zunge　舌
e Haut　肌　　　s Gesicht　顔　　　s Herz　心臓　　　s Knie / -n　ひざ　　　s Blut　血

Essen und Getränke 食べ物と飲み物

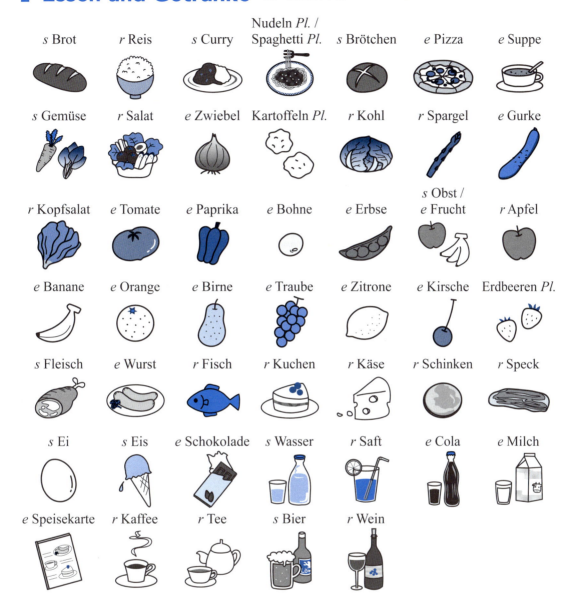

Gewürz 調味料

r Zucker 砂糖   *r* Pfeffer こしょう   *r* Essig 酢   *e* Butter バター
e Soße ソース   *s* Salz 塩   *s* Öl オイル

Geschirr 食器

r Löffel スプーン   *r* Teller 皿   *e* Gabel フォーク   *e* Tasse カップ   *e* Flasche びん
e Serviette ナプキン   *s* Messer ナイフ   *s* Glas / Gläser グラス   *s* Ännchen 小ポット

Im Zimmer 部屋の中にあるもの

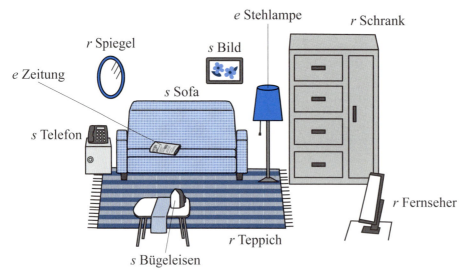
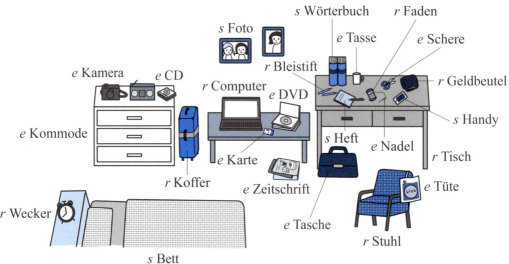
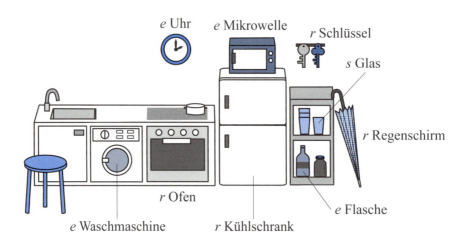

Wohnung 住まい

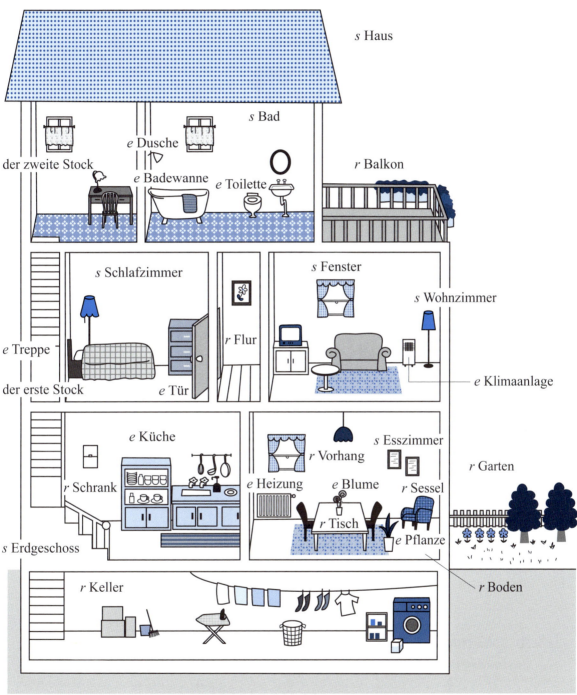

r Aufzug エレベーター　　*e* Rolltreppe エスカレーター

Stadt 町

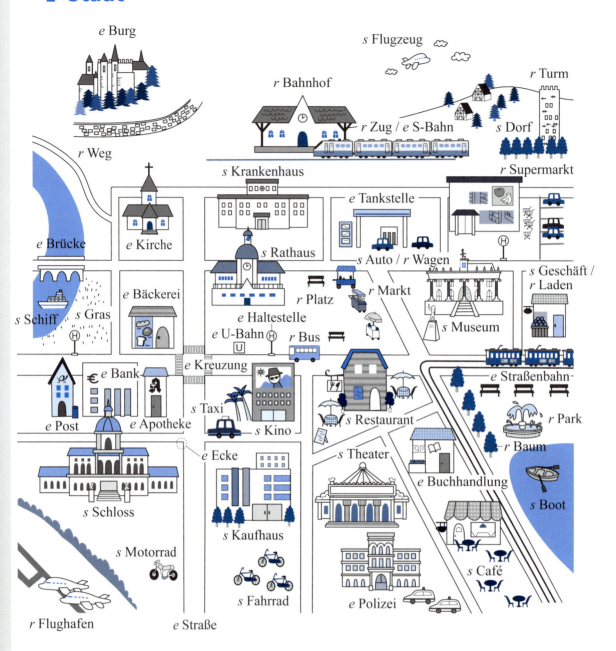

*位置・方向を表す語

▊ Berufe 職業

| Student | Lehrer | Arzt | Koch | Kellner | Journalist | Beamter | Angestellter |
| Studentin | Lehrerin | Ärztin | Köchin | Kellnerin | Journalistin | Beamtin | Angestellte |

| Verkäufer | Bauer | Fahrer | Rechtsanwalt | Hausmann | Musiker | Politiker |
| Verkäuferin | Bauerin | Fahrerin | Rechtsanwältin | Hausfrau | Musikerin | Politikerin |

▊ Tiere 動物

e Maus　　*r* Ochse　　*r* Tiger　　*r* Hase　　*r* Drache　　*e* Schlange

s Pferd　　*s* Schaf　　*r* Affe　　*r* Hahn　　*r* Hund　　*s* Wildschwein

▊ Farben 色

blau 青い　　braun 茶色の　　gelb 黄色の　　grau 灰色の　　grün 緑の　　rot 赤い
schwarz 黒い　　weiß 白い

▊ その他の形容詞

alt ⇔ jung / neu 古い, 年をとった ⇔ 若い / 新しい　　　hell ⇔ dunkel 明るい ⇔ 暗い
gut ⇔ schlimm / böse よい ⇔ いやな, ひどい / 悪い, 腹を立てた　　viel ⇔ wenig 多い ⇔ 少ない
lang ⇔ kurz 長い ⇔ 短い　　　　　　　　　　　　　　　　schön 美しい, すばらしい
heiß ⇔ kalt 熱い, 暑い ⇔ 冷たい, 寒い　　　　　　　　　　hübsch かわいい, きれいな
warm ⇔ kühl 暖かい ⇔ 涼しい　　　　　　　　　　　　　　süß あまい, かわいい

Zahlen 数詞

0 null	5 fünf	10 zehn	15 fünfzehn
1 eins	6 sechs	11 **elf**	16 **sech**zehn
2 zwei	7 sieben	12 **zwölf**	17 **sieb**zehn
3 drei	8 acht	13 dreizehn	18 achtzehn
4 vier	9 neun	14 vierzehn	19 neunzehn

20 zwanzig	40 vierzig	100 hundert	1.000 tausend
21 **ein**undzwanzig	50 fünfzig	200 zweihundert	10.000 zehntausend
22 zweiundzwanzig	60 **sech**zig	300 dreihundert	100.000 hunderttausend
23 dreiundzwanzig	70 **sieb**zig	...	1.000.000 eine Million
...	80 achtzig		2.000.000 zwei Millionen
30 dreißig	90 neunzig		

Uhrzeiten 時刻の表現

	24 時間制	12 時間制
18.00 Uhr	achtzehn Uhr	sechs
18.10 Uhr	achtzehn Uhr zehn	zehn nach sechs
18.15 Uhr	achtzehn Uhr fünfzehn	Viertel nach sechs
18.20 Uhr	achtzehn Uhr zwanzig	zwanzig nach sechs
18.25 Uhr	achtzehn Uhr fünfundzwanzig	fünf vor halb sieben
18.30 Uhr	achtzehn Uhr dreißig	halb sieben
18.35 Uhr	achtzehn Uhr fünfunddreißig	fünf nach halb sieben
18.40 Uhr	achtzehn Uhr vierzig	zwanzig vor sieben
18.45 Uhr	achtzehn Uhr fünfundvierzig	Viertel vor sieben
18.50 Uhr	achtzehn Uhr fünfzig	zehn vor sieben

Wie spät / Wie viel Uhr ist es? 何時ですか？ — Es ist 18 Uhr / sechs. 18時／6時です。

Um wie viel Uhr beginnt der Film? 映画は何時に始まりますか？
— Er beginnt um 18.15 Uhr / Viertel nach sechs. 18時15分／6時15分に始まります。

Wann gehen wir ins Kino? 何時に映画に行きましょうか？ — Gegen halb sieben. 6時半頃に。

Preise 値段の表現

Was / Wie viel kostet der Anzug? このスーツはいくらですか。
— Der [Anzug] kostet 86,40 Euro. これ [このスーツ] は 86 ユーロ 40 セントです。

Was / Wie viel kosten die Schuhe? この靴はいくらですか。
— Die [Schuhe] kosten 50,99 Euro. これ [この靴] は 50 ユーロ 99 セントです。

Jahreszeiten 季節 「〜に」：im

| Frühling 春 | Sommer 夏 | Herbst 秋 | Winter 冬 |

Wochentage 曜日 「〜に」：am

| Montag 月曜日 | Dienstag 火曜日 | Mittwoch 水曜日 | Donnerstag 木曜日 |
| Freitag 金曜日 | Samstag 土曜日 | Sonntag 日曜日 | |

Monate 月 「〜に」：im

Januar 1月	Februar 2月	März 3月	April 4月
Mai 5月	Juni 6月	Juli 7月	August 8月
September 9月	Oktober 10月	November 11月	Dezember 12月

Ordinalzahlen 序数

1. **erst**	6. **sechst**	11. elf**t**	16. **sechzehnt**	21. einundzwanzig**st**
2. zwei**t**	7. **siebt**	12. zwölf**t**	17. siebzehn**t**	22. zweiundzwanzig**st**
3. **dritt**	8. **acht**	13. dreizehn**t**	18. achtzehn**t**	
4. vier**t**	9. neun**t**	14. vierzehn**t**	19. neunzehn**t**	
5. fünf**t**	10. zehn**t**	15. fünfzehn**t**	20. zwanzig**st**	30. dreißig**st**

☆ 1〜19 までは基数に -t を，20 以上は基数に -st をつけます。
☆ 序数を数字で表すときは，数字の後に . (= Punkt) をつけます。

Jahreszahlen 西暦

1）1999 年まで：100 の位で次のように切って読みます。

  1989: neunzehnhundertneunundachtzig

  Im Herbst 1989 fiel die Berliner Mauer. 1989 年秋にベルリンの壁が崩壊した。

2）2000 年以降：基数と同じように読みます。

  2015: zweitausendfünfzehn

Datum 日付

1）「〜日に」：**am** ＋序数 **en**
2）年月日は，日，月，年の順にします。

  Wann hast du Geburtstag? — Ich habe **am** 23. (dreiundzwanzigsten) Juli Geburtstag.
   誕生日はいつ？   7月23日。

  Wann bist du geboren? — Ich bin **am** 23. Juli 1996 geboren.
   生年月日はいつ？   1996 年 7 月 23 日。

Alphabet アルファベット

A a	B b	C c	D d	E e	F f
G g	H h	I i	J j	K k	L l
M m	N n	O o	P p	Q q	R r
S s	T t	U u	V v	W w	X x
Y y	Z z	Ä ä	Ö ö	Ü ü	ß

Aussprache 発音

1．発音の原則

1）ローマ字のように発音する。

  Garten 庭 Name 名前 Danke! ありがとう

ただし **ei** は「アイ」，**ie** は「イー」，**eu** は「オイ」と発音する。

  e**i**ns 1 W**ie**n ウィーン D**eu**tsch ドイツ語

ö は「オ」を発音するときのように口をまるくすぼめて「エ」と発音する。
ü は「ウ」を発音するときのように口を小さくすぼめて「イ」と発音する。
ä は日本語の「エ」とほぼ同じ。

  sch**ö**n 美しい，すばらしい f**ü**nf 5 K**ä**se チーズ

2）アクセントは多くの場合，第1音節（最初の母音）にある。

  árbeiten 働く Kúgelschreiber ボールペン

3）1個の子音の前にある母音は長母音に，2個以上の子音の前にある母音は短母音になる。

  Ofen オーブン，ストーブ offen 開いた

4）母音の後の h は発音せず，前の母音が長母音になる。

  Lehrer 教師（男性） fahren （乗り物で）行く

2. 母音

a	[aː]	Name	名前	schlafen	眠る
	[a]	Mann	男性，夫	alt	古い，年老いた
e	[eː]	geben	与える	Schnee	雪
	[ɛ]	Heft	ノート	nett	親切な
i	[iː]	Kino	映画館	Bibel	聖書
	[ɪ]	bitte	どうぞ，どういたしまして	links	左に
o	[oː]	Brot	パン	groß	大きい
	[ɔ]	morgen	明日	kommen	来る
u	[uː]	gut	良い，上手に	Bruder	兄，弟
	[ʊ]	Mutter	母	Hund	犬
ä	[ɛː]	Käse	チーズ	spät	遅い
	[ɛ]	März	3月	Sänger	歌手（男性）
ö	[øː]	hören	聞く	schön	美しい，すばらしい
	[œ]	Köln	ケルン	öffnen	開く
ü	[yː]	Übung	練習	süß	甘い，かわいい
	[ʏ]	München	ミュンヒェン	fünf	5
au	[aʊ]	Frau	女性，妻	Haus	家
ei	[aɪ]	eins	1	klein	小さい
eu	[ɔʏ]	heute	今日	teuer	値段が高い
äu	[ɔʏ]	Häuser	家（複数）	Verkäufer	販売員（男性）
ie	[iː]	Brief	手紙	Wien	ウィーン

3. おもな子音

b	[b]	Bett	ベッド	Bank	銀行
	[p]	halb	半分の	ob	〜かどうか
d	[d]	Dank	感謝	dort	あそこに
	[t]	Kind	子供	Freund	友人（男性），カレシ
g	[g]	Geige	ヴァイオリン	Geld	お金
	[k]	Tag	日	Zug	列車
ch	[x]	Buch	本	machen	する
	[ç]	Bücher	本（複数）	sprechen	話す
chs	[ks]	sechs	6	wechseln	取り替える，両替する
dt	[t]	Stadt	都市	Verwandte	親戚
-ig	[ɪç]	zwanzig	20	billig	安い
j	[j]	Japan	日本	jung	若い
pf	[pf]	Kopf	頭	Apfel	りんご
qu	[kv]	bequem	快適な	quer	横向きに，横切って

dreiundsiebzig

s	[z]	sehen	見る	Gläser	グラス，コップ（複数）
	[s]	Bus	バス	Glas	グラス，コップ
ss	[s]	Wasser	水	essen	食べる
ß	[s]	Fußball	サッカー	groß	大きい
sp-	[ʃp]	Sprache	言語	spielen	（球技を）する，（楽器を）ひく
st-	[ʃt]	Straße	通り	studieren	専攻する
sch	[ʃ]	Schule	学校	Tasche	カバン
th	[t]	Thema	テーマ	Thomas	トーマス
ts	[ts]	rechts	右に	Geburtstag	誕生日
tsch	[tʃ]	Deutsch	ドイツ語	tschüs	じゃあね，バイバイ
tz	[ts]	jetzt	今	Fritz	フリッツ
v	[f]	Vater	父	viel	多い
w	[v]	Wein	ワイン	wo	どこに，どこで
z	[ts]	Zeit	時間	zehn	10

補足文法

I．命令形

命令・依頼を表現する命令形は，2人称（du, ihr, Sie）に対して用いられます。

	du に対して 語幹＋(e)	**ihr** に対して 語幹＋t	**Sie** に対して 語幹＋en Sie
kommen	komm	kommt	kommen Sie
warten	warte	wartet	warten Sie
sprechen	sprich	sprecht	sprechen Sie
sehen	sieh	seht	sehen Sie
sein	sei	seid	seien Sie

☆ 現在人称変化で主語が du のときに語幹の母音が変化する動詞のうち，e→i型およびe→ie型の動詞は，du に対する命令形でも語幹の母音が同様に変化します。
☆ sein は例外的な変化をします。
☆ 命令形の文には，bitte, doch, mal などの語がよく添えられます。

Komm mal, Daniel! 　　　　　来いよ，ダニエル！
Kommt mal, Daniel und Fritz! 　来いよ，ダニエル，フリッツ！
Kommen Sie bitte, Herr Schneider! どうぞおいでください，シュナイダーさん。
Sprich doch, Fritz! 　　　　　フリッツ，話せよ。
Seien Sie bitte ruhig! 　　　　どうか落ち着いてください。

Ⅱ．名詞の複数形

複数形の作り方には，5つのパターンがあります。

		Sg.		Pl.	
同尾式	der	Teller	die	Teller	皿
	der	Bruder	die	Br**ü**der	兄・弟
E式	der	Freund	die	Freund**e**	友人（男）
	der	Sohn	die	S**ö**hn**e**	息子
ER式	das	Kind	die	Kind**er**	子供
	das	Buch	die	B**ü**ch**er**	本
[E]N式	die	Schwester	die	Schwester**n**	姉・妹
	die	Person	die	Person**en**	人，人員
S式	das	Auto	die	Auto**s**	車

Ⅲ．比較級・最上級

1）規則的なもの：比較級では原級に -er を，最上級では -st をつけます。

原　級	比較級	最上級
―	**-er**	**-st**
schön	schön**er**	schön**st**
klein	klein**er**	klein**st**
alt	**ä**lt**er**	**ä**lt**e**st
jung	j**ü**ng**er**	j**ü**ng**st**

☆ 比較級・最上級で a, o, u がウムラウトするものがあります。
☆ 最上級で発音の都合上，語尾の -st の前に e をはさむものがあります。

2）不規則なもの

原　級	比較級	最上級
gut	besser	best
groß	größer	größt
viel	mehr	meist
hoch	höher	höchst

Ⅳ．形容詞の名詞化

形容詞は頭文字を大文字書きすると名詞化します。その際には付加語的用法の場合と同じ格変化をします。男性・女性・複数は「〜な人（男・女）・人々」，中性は「〜なもの・こと」という意味になります。

	m.	f.	Pl.	n.
1格	der Alte	die Alte	die Alten	das Alte
2格	des Alten	der Alten	der Alten	des Alten
3格	dem Alten	der Alten	den Alten	dem Alten
4格	den Alten	die Alte	die Alten	das Alte
1格	ein Alter	eine Alte	Alte	[etwas] Altes
2格	eines Alten	einer Alten	Alter	—
3格	einem Alten	einer Alten	Alten	[etwas] Altem
4格	einen Alten	eine Alte	Alte	[etwas] Altes

☆ 中性は etwas, nichts などとともに用いられることが多いです。

    Im Zimmer sieht **ein Alter** fern.　　部屋の中でひとりの老人がテレビを見ています。
    Ich möchte **etwas Kaltes** trinken.　　私はなにか冷たいものが飲みたいのですが。

Ⅴ．2格の用法

2格は，ほぼ日本語の「〜の」にあたります。

    Das Haus **des Mannes** ist groß.　　その男性の家は大きい。
    Der Lehrer **meiner Kinder** ist nett.　　私の子供たちの先生は親切です。

Ⅵ．前置詞と代名詞・疑問詞の融合形

前置詞の次にくる人称代名詞が事物を指すときには，da ＋前置詞のかたちになります（母音で始まる前置詞の場合は dar ＋前置詞）。

Daniel hat ein Auto.　　ダニエルは車を持っています。
Damit fahren wir an den See.　　それで私たちは湖へ行きます。

Neben dem Tisch steht eine Kommode.　　テーブルの隣にたんすがあります。
Darauf liegt eine Uhr.　　その上に時計があります。

ただし，人称代名詞が人物を指すときには，人称代名詞をそのまま用います。

Daniel hat morgen Zeit.　　ダニエルは明日時間があります。
Wir fahren **mit ihm** an den See.　　私たちは彼と一緒に湖へ行きます。

前置詞の次にくる疑問代名詞 was は，wo ＋前置詞のかたちになります（母音で始まる前置詞の場合は wor ＋前置詞）。

Wofür interessierst du dich?　　　あなたは何に興味があるの？
Worüber habt ihr gesprochen?　　　あなたたちは何について話していたの？

Ⅶ．関係文

先行する文のなかの名詞(先行詞)に関係づけられた文を関係文といいます。先行詞を受け，関係文を導く代名詞を関係代名詞といいます。

1．定関係代名詞

	m.	f.	n.	Pl.
1格	der	die	das	die
2格	des**sen**	der**en**	des**sen**	der**en**
3格	dem	der	dem	den**en**
4格	den	die	das	die

1）定関係代名詞の性と数は先行詞の性と数に一致し，格は関係文における役割によって決まります。

2）関係文は副文であり，関係文中の定動詞は関係文の末尾に置かれます。また，主文と関係文との間はコンマで区切ります。

Der Mann kommt aus Japan.　　その男性は日本から来ている。
Der Mann spricht gut Deutsch.　その男性は上手にドイツ語を話す。
　　　　↓

Der Mann, **der** gut Deutsch **spricht**, kommt aus Japan.
　先行詞　　1格　　　　　　　定動詞　　　上手にドイツ語を話すその男性は，日本から来ている。
（男性・単数）

Der Mann, **dessen** Vater ein Millionär **ist**, kommt aus Japan.
　　　　　　　　　　父親が百万長者であるその男性は，日本から来ている。

Der Mann, **dem** Fritz einen Brief geschrieben **hat**, kommt aus Japan.
　　　　　　　　　　フリッツが手紙を書いたその男性は，日本から来ている。

Der Mann, **den** ich gut **kenne**, kommt aus Japan.
　　　　　　　　　　私がよく知っているその男性は，日本から来ている。

Der Mann, mit **dem** wir morgen nach Berlin **fahren**, kommt aus Japan.
　　　　　　　　　　私たちが明日一緒にベルリンへ行くその男性は，日本から来ている。

2. そのほかの関係詞

1) 不定関係代名詞：**wer**（～である人），**was**（～であるもの・こと）
   不定関係代名詞は，先行詞と関係代名詞を一語でかねていることがふつうです。

   Wer in dieser Stadt wohnt, ist glücklich.　この町に住んでいる人は幸せです。
   Was er mir erzählt hat, war falsch.　彼が私に語ったことは，間違っていた。

   ☆ was は alles, nichts, etwas などの語を先行詞とすることがあります。

   Das ist **alles**, **was** ich weiß.　これが，私が知っているすべてです。

2) 関係副詞 **wo**：場所・時などを表す語を先行詞とします。

   Die Stadt, **wo** (= in **der**) meine Familie wohnte, liegt am Rhein.
   　　　　　　　　　　　　　　　私の家族が住んでいた町は，ライン河畔にあります。

主要不規則動詞変化一覧

不定詞（原形） 現在人称変化（不規則）	過去基本形 〈接続法2式基本形〉	過去分詞	例文
backen （パン，ケーキなどを）焼く du bäckst, er/sie/es bäckt	backte 〈backte〉	gebacken	Paula bäckt gern Kuchen. パウラはケーキを焼くのが好きだ。 Paula hat am Wochenende einen Kuchen gebacken. パウラは週末にケーキを焼いた。
beginnen 始まる	begann 〈begänne / begönne〉	begonnen	Das Spiel hat um 18 Uhr begonnen. そのゲームは18時に始まった。
bieten 提供する	bot 〈böte〉	geboten	Er hat mir eine Chance geboten. 彼は私にチャンスを提供してくれた。
bitten たのむ	bat 〈bäte〉	gebeten	Leo hat seine Eltern um das Geld gebeten. レオは両親にお金を出してくれるよう頼んだ。
bleiben (s) とどまる	blieb 〈bliebe〉	geblieben	Paula und Fritz sind am Wochenende zu Hause geblieben. パウラとフリッツは週末は家にいた。
brechen 破る，折る du brichst, er/sie/es bricht	brach 〈bräche〉	gebrochen	Der Junge bricht einen Zweig vom Baum. 少年は木から枝を折る。 Sie hat sich beim Skilaufen ein Bein gebrochen. 彼女はスキーをしていて脚を骨折した。
bringen 持っていく	brachte 〈brächte〉	gebracht	Ich habe die Bücher zur Bibliothek gebracht. 私は本を図書館へ持っていった。
denken 考える	dachte 〈dächte〉	gedacht	Wir haben oft an den Urlaub im letzten Jahr gedacht. 私たちは去年の休暇のことをしばしば考えた。

不定詞（原形） 現在人称変化（不規則）	過去基本形 〈接続法2式基本形〉	過去分詞	例　文
dürfen ～してもよい ich darf, du darfst, er/sie/es darf	durfte 〈dürfte〉	dürfen (gedurft)	Hier darf man nicht rauchen. ここでタバコを吸ってはいけない。 Wir durften nicht nach Hause gehen. 私たちは帰宅することを許されなかった。
empfehlen 勧める du empfiehlst, er/sie/es empfiehlt	empfahl 〈empföhle / empfähle〉	empfohlen	Der Arzt empfiehlt dem Kranken Ruhe. その医者は患者に安静を勧める。 Der Lehrer hat mir empfohlen, das Buch zu lesen. 先生は私にその本を読むよう勧めた。
essen 食べる du isst, er/sie/es isst	aß 〈äße〉	gegessen	Was isst du gern? 食べ物は何が好き？ Wir haben zusammen zu Abend gegessen. 私たちは一緒に晩御飯を食べた。
fahren (s) 乗り物で行く du fährst, er/sie/es fährt	fuhr 〈führe〉	gefahren	Fährst du im Urlaub ins Ausland? 休暇には外国へ行くの？ Wir sind mit dem Auto nach Salzburg gefahren. 私たちは車でザルツブルクへ行った。
fallen (s) 落ちる du fällst, er/sie/es fällt	fiel 〈fiele〉	gefallen	Das Laub fällt vom Baum. 一枚の葉が木から落ちる。 Er ist aus dem Bett gefallen. 彼はベッドから落ちた。
fangen つかまえる du fängst, er/sie/es fängt	fing 〈finge〉	gefangen	Mit Speck fängt man Mäuse. ［諺］よい餌を使えば獲物が手にはいる（ベーコンでねずみをつかまえる）。 Die Katze hat eine Maus gefangen. 猫がねずみを一匹つかまえた。
finden 見つける，～を…と思う	fand 〈fände〉	gefunden	Hast du schon den Schlüssel gefunden? 鍵はもう見つかったの？
fliegen (s) 飛ぶ	flog 〈flöge〉	geflogen	Ich bin in den Ferien nach Spanien geflogen. 私は休暇に飛行機でスペインへ行った。
geben 与える du gibst, er/sie/es gibt	gab 〈gäbe〉	gegeben	Gibst du mir bitte das Salz! 塩をこちらに渡して！ Ich habe ihm das Buch gegeben. 私は彼にこの本をあげた。
gehen (s) 行く	ging 〈ginge〉	gegangen	Am Wochenende sind Nana und Daniel ins Kino gegangen. 週末にナナとダニエルは映画に行った。
haben 持っている du hast, er/sie/es hat	hatte 〈hätte〉	gehabt	Leo hat keinen Computer. レオはコンピュータを持っていない。 Gestern Abend hatte ich leider keine Zeit, ins Kino zu gehen. ゆうべは残念ながら映画に行く時間がなかった。

不定詞（原形） 現在人称変化（不規則）	過去基本形 〈接続法2式基本形〉	過去分詞	例　文
halten つかんでいる du hältst, er/sie/es hält	hielt 〈hielte〉	gehalten	Die Mutter hält das Kind an der Hand. 母親は子供の手をつかんでいる。 Die Mutter hat das Baby in den Armen gehalten. 母親は赤ん坊を腕に抱いていた。
helfen 助ける du hilfst, er/sie/es hilft	half 〈hülfe〉	geholfen	Hilfst du mir? 私を助けてくれる？ Sie hat mir mit ihrem Rat geholfen. 彼女はアドバイスで私を助けてくれた。
kennen 知っている	kannte 〈kennte〉	gekannt	Hast du deine Nachbarn nicht gekannt? 隣に住んでいる人たちを知らなかったの？
kommen (s) 来る	kam 〈käme〉	gekommen	Warum bist du zu spät gekommen? なぜ遅刻したの？
können 〜できる ich kann, du kannst, er/sie/es kann	konnte 〈könnte〉	können (gekonnt)	Kannst du Japanisch sprechen? 日本語を話すことはできますか？ Er konnte uns nicht besuchen. 彼は私たちを訪ねることはできなかった。
laden 積む du lädst, er/sie/es lädt	lud 〈lüde〉	geladen	Er lädt das Gepäck auf einen LKW. 彼はその荷物をトラックに積む。 Der LKW hat Sand geladen. そのトラックは砂を積んでいた。
lassen 〜させる du lässt, er/sie/es lässt	ließ 〈ließe〉	gelassen (lassen)	Er lässt mich lange warten. 彼は私を長く待たせる。 Er ließ den Taxifahrer warten. 彼はタクシーの運転手を待たせておいた。
laufen (s) 走る，歩く du läufst, er/sie/es läuft	lief 〈liefe〉	gelaufen	Er läuft 100 m in elf Sekunden. 彼は100メートルを11秒で走る。 Wir sind im Urlaub viel gelaufen. 私たちは休暇中たくさん歩いた。
lesen 読む du liest, er/sie/es liest	las 〈läse〉	gelesen	Nach dem Frühstück liest er [die] Zeitung. 朝食の後，彼は新聞を読む。 Hast du schon den Artikel gelesen? その記事をもう読んだかい？
liegen 横たわっている，ある	lag 〈läge〉	gelegen	Die Bilder haben lange Zeit im Keller gelegen. それらの絵は長い間地下室に置かれていた。
mögen 〜かもしれない，好む ich mag, du magst, er/sie/es mag	mochte 〈möchte〉	mögen (gemocht)	Er mag recht haben. 彼の言うとおりかもしれない。 Sie mochte Jazz. 彼女はジャズが好きだった。
müssen 〜しなければならない ich muss, du musst, er/sie/es muss	musste 〈müsste〉	müssen (gemusst)	Ich muss sofort nach Hause fahren. 私はすぐに帰宅しなければならない。 Nach dem Unfall mussten wir zu Fuß nach Hause gehen. 事故後，私たちは歩いて帰宅しなければならなかった。

不定詞（原形） 現在人称変化（不規則）	過去基本形 〈接続法2式基本形〉	過去分詞	例　文
nehmen 取る du nimmst, er/sie/es nimmt	nahm 〈nähme〉	genommen	Daniel nimmt ein Buch aus dem Regal. ダニエルは本棚から一冊の本を取り出す。 Er hat seinen Hut genommen. 彼は自分の帽子を手に取った。
nennen 名づける	nannte 〈nennte〉	genannt	Sie haben ihren Hund Taro genannt. 彼らは自分たちの犬をタローと名づけた。
raten 助言する du rätst, er/sie/es rät	riet 〈riete〉	geraten	Wozu rätst du mir? 私はどうしたらいいと思う？ Ich habe ihm geraten, gesünder zu essen. 私は彼にもっと健康的な食生活を送るよう助言した。
rufen 呼ぶ	rief 〈riefe〉	gerufen	Wir haben schon ein Taxi gerufen. もうタクシーを呼んであります。
scheinen 輝く，〜ように見える	schien 〈schiene〉	geschienen	Die Sonne hat hell geschienen. 太陽は明るく輝いていた。 Nana scheint krank zu sein. ナナは病気であるように見える。
schlafen 眠る du schläfst, er/sie/es schläft	schlief 〈schliefe〉	geschlafen	Daniel schläft noch. ダニエルはまだ眠っている。 Wie lange hast du gestern geschlafen? 昨日はどのくらいの時間眠りましたか？
schlagen 打つ du schlägst, er/sie/es schlägt	schlug 〈schlüge〉	geschlagen	Herr Bauer schlägt seine Kinder nie. バウアーさんは子供を絶対にたたかない。 Ich habe einen Nagel in die Wand geschlagen. 私はくぎを壁に打ち込んだ。
schließen 閉める du schließt, er/sie/es schließt	schloss 〈schlösse〉	geschlossen	Schließt du schon den Laden? もう店を閉めるんですか？ Paula hat die Tür schnell geschlossen. パウラはドアを急いで閉めた。
schneiden 切る	schnitt 〈schnitte〉	geschnitten	Ich habe Zwiebeln in Scheiben geschnitten.　私はたまねぎを薄く輪切りにした。
schreiben 書く	schrieb 〈schriebe〉	geschrieben	Leo hat seinen Eltern einen Brief geschrieben.　レオは両親に手紙を書いた。
schreien 叫ぶ	schrie 〈schriee〉	geschrien	Das Baby hat die ganze Nacht geschrien. 赤ちゃんは一晩中泣き叫んでいた。
schwimmen (s) 泳ぐ	schwamm 〈schwömme / schwämme〉	geschwommen	Wir sind jeden Tag im See geschwommen. 私たちは毎日湖で泳ぎました。
sehen 見る du siehst, er/sie/es sieht	sah 〈sähe〉	gesehen	Siehst du gern Filme? 映画を見るのは好きですか？ Ich habe gestern das Foto gesehen. 私は昨日その写真を見た。

不定詞（原形） 現在人称変化（不規則）	過去基本形 〈接続法2式基本形〉	過去分詞	例　文
sein (s) （で）ある，いる ich bin, du bist, er/sie/es ist, wir sind, ihr seid, sie sind	war 〈wäre〉	gewesen	Ich bin Student[in]. 私は大学生です。 Wo warst du gestern Abend? 昨晩どこにいたの？
singen 歌う	sang 〈sänge〉	gesungen	Der Mann hat laut gesungen. その男性は大きな声で歌った。
sitzen 座っている du sitzt, er/sie/es sitzt	saß 〈säße〉	gesessen	Sitzt du noch hier? まだここに座っているの？ Wir haben lange auf dem Sofa gesessen. 私たちは長時間ソファに座っていた。
sollen 〜べきである ich soll, du sollst, er/sie/es soll	sollte 〈sollte〉	sollen (gesollt)	Soll ich das Fenster schließen? 窓を閉めましょうか？ Sie sollten gestern kommen. あなたは昨日来るべきだった。
sprechen 話す du sprichst, er/sie/es spricht	sprach 〈spräche〉	gesprochen	Sprichst du Deutsch? ドイツ語を話しますか？ Wir haben mit ihm gesprochen. 私たちは彼と話した。
springen (s) 跳ぶ	sprang 〈spränge〉	gesprungen	Der Hund ist über die Bank gesprungen. 犬はベンチを飛びこした。
stehen 立っている	stand 〈stünde / stände〉	gestanden	Ein Mann hat vor dem Haus gestanden. ひとりの男性が家の前に立っていた。
stehlen 盗む du stiehlst, er/sie/es stiehlt	stahl 〈stähle〉	gestohlen	Pass auf, sonst stiehlt dir jemand die Tasche. 気をつけなさい，さもないとかばんを盗まれるよ。 Der Dieb hat mir die Uhr gestohlen. その泥棒は私の時計を盗んだ。
steigen (s) のぼる	stieg 〈stiege〉	gestiegen	Wir sind auf den Berg gestiegen. 私たちは山にのぼった。
sterben (s) 死ぬ du stirbst, er/sie/es stirbt	starb 〈stürbe〉	gestorben	Gib das Rauchen auf, sonst stirbst du jung. 喫煙をやめなさい，さもないと若死にするよ。 Er ist an einem Herzschlag gestorben. 彼は心臓発作で死んだ。
stoßen 突く，ぶつかる(s) du stößt, er/sie/es stößt	stieß 〈stieße〉	gestoßen	Er stößt oft an den Schrank. 彼はよくクローゼットにぶつかる。 Sie hat mich mit dem Fuß gestoßen. 彼女は私をけとばした。
tragen 運ぶ，身につけている du trägst, er/sie/es trägt	trug 〈trüge〉	getragen	Herr Schneider trägt immer einen Hut. シュナイダーさんはいつも帽子をかぶっている。 Sie hat ihr Kind auf dem Rücken getragen. 彼女は子どもを背中におぶっていた。

不定詞（原形） 現在人称変化（不規則）	過去基本形 〈接続法2式基本形〉	過去分詞	例　文
treffen 会う du triffst, er/sie/es trifft	traf 〈träfe〉	getroffen	Nana trifft gern ihre Freunde. ナナは友人に会うのが好きだ。 Ich habe ihn vor drei Tagen getroffen. 私は彼に三日前に会った。
treten (s) 踏む，歩む du trittst, er/sie/es tritt	trat 〈träte〉	getreten	Er tritt ans Fenster. 彼は窓辺へ歩み寄る。 Ich bin auf meine Brille getreten. 私はめがねを踏んづけた。
trinken 飲む	trank 〈tränke〉	getrunken	Ich habe eine Tasse Kaffee getrunken. 私はカップ1杯のコーヒーを飲んだ。
tun する du tust, er/sie/es tut	tat 〈täte〉	getan	So etwas tut er nicht. 彼はこんなことはしない。 Habe ich das Richtige getan? 私は正しいことをしたのだろうか？
verlieren 失う	verlor 〈verlöre〉	verloren	Ich habe meinen Geldbeutel verloren. 私は財布をなくした。
wachsen (s) 成長する，増大する du wächst, er/sie/es wächst	wuchs 〈wüchse〉	gewachsen	Der Baum wächst langsam. この木はゆっくりと成長する。 Die Spannung ist gewachsen. 緊張が高まった。
waschen 洗う du wäschst, er/sie/es wäscht	wusch 〈wüsche〉	gewaschen	Er wäscht den Pullover mit der Hand. 彼はこのセーターを手洗いする。 Hast du dir das Gesicht gewaschen? 顔を洗いましたか？
werden (s) なる du wirst, er/sie/es wird	wurde 〈würde〉	geworden (worden)	Nana wird bald 22 Jahre alt. ナナはまもなく22歳になる。 Paula ist krank geworden. パウラは病気になった。
werfen 投げる du wirfst, er/sie/es wirft	warf 〈würfe〉	geworfen	Das Mädchen wirft einen Stein ins Wasser. 少女は石を水の中へ投げる。 Fritz hat den Ball an die Wand geworfen. フリッツはボールを壁に向かって投げた。
wissen 知っている ich weiß, du weißt, er/sie/es weiß	wusste 〈wüsste〉	gewusst	Weißt du, wo sie wohnt? 彼女がどこに住んでいるか知っていますか？ Ich habe seine Adresse nicht gewusst. 私は彼の住所を知らなかった。
wollen 〜するつもりだ ich will, du willst, er/sie/es will	wollte 〈wollte〉	wollen (gewollt)	Daniel will morgen nach Berlin fahren. ダニエルは明日ベルリンへ行くつもりだ。 Ich wollte dich gestern anrufen. 私は昨日あなたに電話するつもりだった。
ziehen 引く	zog 〈zöge〉	gezogen	Monika hat den Stuhl an den Tisch gezogen. モニカは椅子をテーブルに引き寄せた。

ドイツ語を話す国々

ヨーロッパ地図

著 者

飯田道子（いいだ みちこ）
　学習院大学，立教大学，慶應義塾大学（非常勤）
江口直光（えぐち なおあき）
　愛知文教大学

アプファールト〈ノイ〉 スキットで学ぶドイツ語

2015年2月20日　第1刷発行
2024年8月20日　第8刷発行

著　者——　飯田道子
　　　　　　江口直光
発行者——　前田俊秀
発行所——　株式会社 三修社
　　　　　　〒150-0001　東京都渋谷区神宮前2-2-22
　　　　　　TEL 03-3405-4511
　　　　　　FAX 03-3405-4522
　　　　　　振替 00190-9-72758
　　　　　　https://www.sanshusha.co.jp
　　　　　　編集担当　菊池　暁
印刷所——　萩原印刷株式会社

©2015 Printed in Japan　ISBN978-4-384-12281-7 C1084

表紙デザイン —— 峯岸孝之（Comix Brand）
本文イラスト —— 梶原由加利
本 文 写 真 —— ミュンヒェン観光局／GNTB／木村恵／Imke Lenz／istockphoto.com
本 文 組 版 —— ME TIME LLC

[JCOPY] 〈出版者著作権管理機構 委託出版物〉
本書の無断複製は著作権法上での例外を除き禁じられています。複製される場合は、
そのつど事前に、出版者著作権管理機構（電話 03-5244-5088　FAX 03-5244-5089
e-mail: info@jcopy.or.jp）の許諾を得てください。

Tabelle II　冠詞類の格変化

A　定冠詞＋名詞

	m.	f.	n.	Pl.
1格	der Mann	die Frau	das Kind	die Kinder
2格	des Mann[e]s	der Frau	des Kind[e]s	der Kinder
3格	dem Mann	der Frau	dem Kind	den Kindern
4格	den Mann	die Frau	das Kind	die Kinder

B　定冠詞類＋名詞

	m.	f.	n.	Pl.
1格	dieser Mann	diese Frau	dieses Kind	diese Kinder
2格	dieses Mann[e]s	dieser Frau	dieses Kind[e]s	dieser Kinder
3格	diesem Mann	dieser Frau	diesem Kind	diesen Kindern
4格	diesen Mann	diese Frau	dieses Kind	diese Kinder

dies-（この），jen-（あの），welch-（どの），jed-（どの〜も），all-（すべての），manch-（いくつかの），solch-（このような）は同様の変化をします。

C　不定冠詞＋名詞

	m.	f.	n.	Pl.
1格	ein Mann	eine Frau	ein Kind	― Kinder
2格	eines Mann[e]s	einer Frau	eines Kind[e]s	― Kinder
3格	einem Mann	einer Frau	einem Kind	― Kindern
4格	einen Mann	eine Frau	ein Kind	― Kinder

D　所有冠詞／否定冠詞＋名詞

	m.	f.	n.	Pl.
1格	mein Mann	meine Frau	mein Kind	meine Kinder
2格	meines Mann[e]s	meiner Frau	meines Kind[e]s	meiner Kinder
3格	meinem Mann	meiner Frau	meinem Kind	meinen Kindern
4格	meinen Mann	meine Frau	mein Kind	meine Kinder

所有冠詞　mein (← ich), dein (← du), sein (← er), ihr (← sie), sein (← es), unser (← wir),
　　　　　euer (← ihr), ihr (← sie), Ihr (← Sie)，および否定冠詞 kein は同様の変化をします。
　☆男性名詞と中性名詞は，2格のとき語尾に -s または -es がつきます。
　☆名詞の複数形では，3格の語尾に n をつけます。ただし複数1格が -n, -s で終わるものは除きます。
　☆男性名詞のなかには，単数1格以外のときに語尾に -n または -en がつくものがあります。これを男性弱
　　変化名詞といいます。例：der Student, des Student**en**, dem Student**en**, den Student**en**
　☆そのほかにも，der Name, der Herr, das Herz など，特殊な格変化をする名詞があります。

Tabelle III　人称代名詞の格変化

1格	ich	du	er	sie	es	wir	ihr	sie	Sie
3格	mir	dir	ihm	ihr	ihm	uns	euch	ihnen	Ihnen
4格	mich	dich	ihn	sie	es	uns	euch	sie	Sie

C 話法の助動詞の現在人称変化

		dürfen 〜してよい	können 〜できる	müssen 〜しなければならない	sollen 〜すべきだ	wollen 〜するつもりだ	möchte 〜したい
ich	-	**darf**	**kann**	**muss**	**soll**	**will**	**möchte**
du	-st	**darfst**	**kannst**	**musst**	**sollst**	**willst**	**möchtest**
er/sie/es	-	**darf**	**kann**	**muss**	**soll**	**will**	**möchte**
wir	-en	dürfen	können	müssen	sollen	wollen	möchten
ihr	-t	dürft	könnt	müsst	sollt	wollt	möchtet
sie	-en	dürfen	können	müssen	sollen	wollen	möchten
Sie	-en	dürfen	können	müssen	sollen	wollen	möchten

D 過去人称変化

不定詞		sein	haben	können	müssen	wollen
過去基本形		war	hatte	konnte	musste	wollte
ich	-	war	hatte	konnte	musste	wollte
du	-st	war**st**	hatte**st**	konnte**st**	musste**st**	wollte**st**
er/sie/es	-	war	hatte	konnte	musste	wollte
wir	-[e]n	war**en**	hatte**n**	konnte**n**	musste**n**	wollte**n**
ihr	-t	war**t**	hatte**t**	konnte**t**	musste**t**	wollte**t**
sie	-[e]n	war**en**	hatte**n**	konnte**n**	musste**n**	wollte**n**
Sie	-[e]n	war**en**	hatte**n**	konnte**n**	musste**n**	wollte**n**

☆動詞・助動詞の過去基本形に一定の人称語尾をつけます（- が過去基本形を表します）。
　不規則な変化をするものはありません。

E 接続法2式

不定詞		sein	haben	können	werden
過去基本形		wäre	hätte	könnte	würde
ich	-	wäre	hätte	könnte	würde
du	-st	wär[e]**st**	hätte**st**	könnte**st**	würde**st**
er/sie/es	-	wäre	hätte	könnte	würde
wir	-[e]n	wäre**n**	hätte**n**	könnte**n**	würde**n**
ihr	-t	wäre**t**	hätte**t**	könnte**t**	würde**t**
sie	-[e]n	wäre**n**	hätte**n**	könnte**n**	würde**n**
Sie	-[e]n	wäre**n**	hätte**n**	könnte**n**	würde**n**

☆動詞・助動詞の接続法2式基本形に一定の人称語尾をつけます（- が接続法2式基本形を表します）。
　不規則な変化をするものはありません。

Tabelle I 動詞・助動詞の人称変化

A 動詞の現在人称変化（1）

		wohnen 住む	arbeiten 働く	heißen 〜という名前である	sein 〜である, いる, ある	haben 持っている
ich	-e	wohne	arbeite	heiße	**bin**	habe
du	-st	wohnst	arbeitest*	heißt*	**bist**	hast
er/sie/es	-t	wohnt	arbeitet*	heißt	**ist**	hat
wir	-en	wohnen	arbeiten	heißen	**sind**	haben
ihr	-t	wohnt	arbeitet*	heißt	**seid**	habt
sie	-en	wohnen	arbeiten	heißen	**sind**	haben
Sie	-en	wohnen	arbeiten	heißen	**sind**	haben

☆語幹が -d, -t などで終わる動詞は，主語が du, er/sie/es, ihr のとき，発音上の都合から語尾の前に e を入れます（口調上の e）。

☆語幹が -s, -ß, -ss, -z などで終わる動詞は，主語が du のとき，語尾 -st の s が取れて -t となります。

B 動詞の現在人称変化（2）

	schlafen 眠る	sprechen 話す	sehen 見る	werden なる	nehmen 取る	wissen 知っている
ich	schlafe	spreche	sehe	werde	nehme	**weiß**
du	schläfst	sprichst	siehst	**wirst**	**nimmst**	**weißt**
er/sie/es	schläft	spricht	sieht	**wird**	**nimmt**	**weiß**
wir	schlafen	sprechen	sehen	werden	nehmen	wissen
ihr	schlaft	sprecht	seht	werdet	nehmt	wisst
sie	schlafen	sprechen	sehen	werden	nehmen	wissen
Sie	schlafen	sprechen	sehen	werden	nehmen	wissen

☆主語が2人称親称・3人称単数のとき，語幹の母音が変わる動詞があります。
- **a → ä** タイプ：fahren, laufen, schlafen, tragen など
- **e → i** タイプ：essen, geben, helfen, sprechen, treffen など
- **e → ie** タイプ：lesen, sehen など

☆さらに不規則な変化をする動詞もあります：werden, nehmen, wissen など

Tabelle Ⅳ　形容詞の格変化

A　形容詞＋名詞（強変化）

	m.		f.		n.	
1格	kalt**er**	Saft	kalt**e**	Milch	kalt**es**	Bier
2格	kalt**en**	Saft[e]s	kalt**er**	Milch	kalt**en**	Bier[e]s
3格	kalt**em**	Saft	kalt**er**	Milch	kalt**em**	Bier
4格	kalt**en**	Saft	kalt**e**	Milch	kalt**es**	Bier

	Pl.	
	kalt**e**	Getränke
	kalt**er**	Getränke
	kalt**en**	Getränken
	kalt**e**	Getränke

☆男性2格と中性2格以外は定冠詞類の変化（ⅡB）と同じです。

B　定冠詞・定冠詞類＋形容詞＋名詞（弱変化）

	m.			f.			n.		
1格	der	schön**e**	Platz	die	schön**e**	Stadt	das	schön**e**	Haus
2格	des	schön**en**	Platzes	der	schön**en**	Stadt	des	schön**en**	Hauses
3格	dem	schön**en**	Platz	der	schön**en**	Stadt	dem	schön**en**	Haus
4格	den	schön**en**	Platz	die	schön**e**	Stadt	das	schön**e**	Haus

	Pl.		
	die	schön**en**	Häuser
	der	schön**en**	Häuser
	den	schön**en**	Häusern
	die	schön**en**	Häuser

☆男性1格，女性1・4格，中性1・4格以外はすべて -en となります。

C　不定冠詞・所有冠詞・否定冠詞＋形容詞＋名詞（混合変化）

	m.			f.			n.		
1格	ein	schön**er**	Platz	eine	schön**e**	Stadt	ein	schön**es**	Haus
2格	eines	schön**en**	Platzes	einer	schön**en**	Stadt	eines	schön**en**	Hauses
3格	einem	schön**en**	Platz	einer	schön**en**	Stadt	einem	schön**en**	Haus
4格	einen	schön**en**	Platz	eine	schön**e**	Stadt	ein	schön**es**	Haus

	Pl.	
	uns[e]re	schön**en** Häuser
	uns[e]rer	schön**en** Häuser
	uns[e]ren	schön**en** Häusern
	unsere	schön**en** Häuser

☆男性1格，中性1・4格で強変化，その他では弱変化になります。